FÜR UNS!

SUSANNE KLUG

YUMMY!

♥ LIEBLINGSREZEPTE ♥ FÜR DIE GANZE FAMILIE

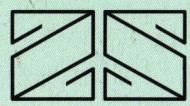

ganz lecker

ich ♥ es

INHALT

LIEBE KINDER, LIEBE ELTERN!

Schön, dass ihr da seid! Ich freue mich wirklich, liebe Mamas oder Papas, dass Sie sich dieses Buch gekauft haben. Muss man ja auch mal sagen dürfen. Es gibt Kochbücher wie Sand am Meer, viele davon hat man schon sehr oft durchgeblättert, vielleicht auch gekauft und dann doch nicht viel daraus gekocht.

Ich wünsche mir, dass es Ihnen dieses Mal anders geht. Dass Sie viele Rezepte aus unserem Familien-Buch gerne nachkochen, einige Gerichte vielleicht zu Ihren Lieblingsgerichten werden. Für mich besteht dieses Buch nur aus solchen Gerichten – denn in Yummy habe ich die liebsten Rezepte meiner Familie und die Lieblingsrezepte der Kinder der KinderKüche, meiner Kochschule, zusammengetragen. In meiner Kochschule ebenso wie bei mir zu Hause darf jeder mithelfen. So lernen die Kinder schon von klein auf, wie einfach es ist, gesund und lecker zu kochen. Kalorien- und Nährwertezählen, das gibt es bei mir nicht. Denn ich bin der Meinung, wer so oft wie möglich selbst gekochtes Essen mit natürlichen Zutaten auf den Tisch bringt, der isst automatisch gesund.

Mein Anliegen ist es, die Lust aufs Kochen und den Spaß am Genießen zu wecken. Mit leicht nachzukochenden Rezepten, bei denen sich jedes Familienmitglied wiederfindet. Die meisten Rezepte sind schnell gemacht, manche erfordern auch ein wenig Zeit und Muße. Auf jeden Fall ist für jede Tageszeit und jede Lebenssituation etwas dabei.

Blättern Sie los, probieren Sie aus, und variieren Sie die Gerichte nach Lust und Laune. Denn Geschmäcker sind verschieden – und das soll bitte auch so bleiben. In diesem Sinne wünsche ich Ihnen und Ihrer Familie viel Spaß beim Kochen!

GEWUSST WIE

„Mama, was gibt's heute?" ist jeden Mittag die erste Frage,
wenn ich Vincent aus dem Kindergarten und Frederik
aus der Schule abhole. Meistens habe ich schon etwas
vorbereitet oder weiß zumindest, was ich kochen werde, denn
ich mache mir jede Woche einen groben Plan.
Der ist Gold wert, denn meine Jungs werden ziemlich
quengelig, wenn sie Hunger haben.
Auf den nächsten Seiten erfahren Sie, was ich sonst noch
alles für einen gut funktionierenden Alltag
und eine gesunde Familienküche nützlich finde.

YUMMY!

EINKAUFSPLANUNG LEICHT GEMACHT

Mein Ziel ist es, am Ende der Woche wirklich NICHTS, aber auch rein GAR NICHTS im Müll landen zu lassen. Dafür ist die Einkaufsplanung ebenso wichtig wie eine gute Resteverwertung und die richtige Lagerung. Natürlich schmeißt man sowieso keine Lebensmittel weg, aber es kam in der Vergangenheit immer wieder vor, dass uns eine Banane zu braun wurde oder die Wurst - nicht richtig gelagert - schnell ranzig war. Irgendwann habe ich mir verboten, dass das passiert. Wenn was vom Essen übrig bleibt, plane ich am nächsten Tag ein Resteessen ein - die besten Omelettes bestehen zum Beispiel aus gebratenem Gemüse vom Vortag! Zu dunkle Bananen landen jetzt in den Pralinen oder in dem Frühstückssmoothie. Frischeboxen für Käse und Wurst fand ich früher spießig. Jetzt belagern sie meinen Kühlschrank - und plötzlich ist Ordnung und Übersicht in jedem Fach. Ich liebe es!

Unser Wochenplan

Es ist nicht ganz einfach, montags zu sagen, „am Donnerstag hab ich Lust auf Käsespätzle" oder „Samstag ist Kuchentag". So ganz genau kann man natürlich nicht immer im Voraus planen. Da kommt mal was dazwischen, oder unangekündigter Besuch steht vor der Tür. Für solche Fälle achte ich darauf, dass mein Vorratsschrank immer Zutaten hat, aus denen sich blitzschnell was zaubern lässt. Einen Wochenplan stellt man am besten an einem abgemachten Wochentag, wenn alle Zeit und Ruhe haben, gemeinsam auf. Nicht zu streng, nur ein paar Antworten auf die Frage: „Auf was habt ihr mal wieder Lust?" Es empfiehlt sich, schon ein paar Gerichte in petto zu haben, um die Bande vom üblichen Nudel-Pizza-Kurs abzubringen. Haben Sie ein Ritual? Zum Beispiel Fisch oder süße Hauptspeise am Freitag, Movie-Night mit Pommes am Samstagabend? Oder, wie bei uns, sonntags zum Frühstück Crêpes mit Schokolade oder mit Käse gefüllt? Planen Sie dafür die üblichen Zutaten ein. Von allen anderen Gerichten notieren Sie die Mengen - ich schreibe mir übrigens meinen Zettel immer gleich nach Abteilungen im Supermarkt sortiert auf.

AUFTEILUNG IM SUPER-

MARKT IN ETWA SO:

- Obst- und Gemüsetheke

- Frischetheke

- Kühltheke für Milchprodukte

- Metzgerei

- Getreide, Trockenwaren

- Bäckerei

Orientierungshilfe für den gesunden Einkauf

Erinnern Sie sich vor jedem Einkauf an die tägliche Portion frisches Obst und Gemüse. Das kann schon mal einiges an geschleppten Kilos werden, lassen Sie sich beim Familieneinkauf von den Kleinen helfen. Wir pressen jeden Tag Möhren, Äpfel und Orangen zu Saft oder mixen cremige Smoothies aus allerhand Früchtchen und Gemüse – der Gemüsehändler liebt uns und schenkt jedem Kind immer noch etwas kleines Exotisches auf die Hand zum Probieren. Für den Obstteller am Nachmittag stehen zusätzlich immer Bananen, Äpfel, Möhrchen, Melone, Trauben oder andere Früchte der Saison auf dem Einkaufszettel.

Zum Abendessen gibt es oft Salat oder Knabber-Rohkost für die Kinder. Deshalb immer ein paar Gurken und noch mehr Möhrchen, Paprika und Fenchel auf die Einkaufsliste schreiben.

Sofern Sie sich nicht vegetarisch oder vegan ernähren, bringen Sie zwei Mal pro Woche Fleisch und ein Mal Fisch auf den Tisch. Denken Sie daran: Gräten können nicht nur Kindern schnell den Appetit auf Fisch verderben. Auf den Geschmack bringen Sie Kinder mit grätenfreien Filetstücken und natürlich mit Fischstäbchen. Selbst gemacht schmecken die natürlich am besten. Und wenn man ehrlich ist, der Fisch ist eigentlich ganz schnell in Ei und Semmelbröseln gewendet. Sättigende Grundlebensmittel sind neben Kartoffeln auch Reis und Nudeln. Wählen Sie da vielleicht öfter die Vollkornvariante. Sie und Ihre Familie sind Vegetarier? Dann achten Sie auf eine ausreichende Vitamin- und Mineralstoffzufuhr, die gerade für Kinder gewährleistet sein muss. Hülsenfrüchte und Getreide sollten dann unbedingt in die Einkaufstasche.

Ach, und eins noch: Damit es den Kindern nicht fad auf dem Teller wird, schauen Sie auch genau auf den Speiseplan von Kita und Schule. Wäre doch schade, wenn an einem Tag zweimal das gleiche auf dem Tisch steht für die Kleinen. Ist uns anfangs oft passiert, und Frederik mault dann gleich los: „Mann, schon wieder Kartoffeln, die hatte ich doch erst heute Mittag!"

Bunt schmeckt besser

In der *KinderKüche*, meiner Kochschule, kochen wir vormittags das Mittagessen für viele Kinder in umliegenden Kindergärten. Natürlich müssen wir auch hier einen Speiseplan erstellen. Und diesen nicht nur für eine Woche, sondern für einen ganzen Monat. Hier hilft uns natürlich unsere Erfahrung, was bei den Kindern seit Jahren ganz oben auf der Hitliste steht – das finden Sie übrigens in den verschiedenen Kapiteln unter dem Stichwort „Kinderliebling" und im Kapitel „Die Mini-Küchenchefs". Wir lassen uns jedoch bei der Speiseplangestaltung auch sehr von den Farben der Nahrungsmittel inspirieren. So versuchen wir, von Montag bis Freitag jeden Tag eine andere Farbe auf den Teller zu bekommen. Die Saison tut ihr Übriges und liefert Obst und Gemüse in den buntesten Farben. Ich bin davon überzeugt, dass das Auge, besonders auch das Kinderauge, mitisst. Wären Champignons quietschgelb, ich glaube fast, sie würden auf der Beliebtheitsskala nach oben rutschen. Denken Sie also auch bei Ihrer Wochenplanung ein bisschen an die Farben der Gerichte. Wie heißt es so schön: Bunt ist gesund!

☐ Eier
☐ Tomaten
☐ Joghurt
☐ Käse
☐ Milch
☐ Eis

Was ist eigentlich mit Fertigprodukten?

Ich finde ja nichts schlimmer, als alles zu verteufeln. Die Mischung macht's doch aus. Wenn Sie keine Lust oder Zeit haben, frischen Pizzateig zu backen, dann eben nicht. Es gibt wirklich tolle Alternativen im Kühlregal, die bestens schmecken und schnell zubereitet sind. Auch gegen Convenience-Produkte wie Dosentomaten ist nichts einzuwenden. Tiefgekühltes Obst und Gemüse sind wertvolle Vitaminlieferanten, solange sie pur, also ungezuckert bzw. ohne Geschmacksverstärker, gekauft werden.

Auf stark verarbeitete Fertigprodukte würde ich allerdings lieber verzichten. Fix-und-Fertig-Gerichte für die Mikrowelle, zum Beispiel. Oder Pfannkuchenteig aus der Tube – der geht auch frisch ruck, zuck! und schmeckt einfach besser. Schauen Sie unbedingt bei Fertigprodukten auf Fett- und Zuckergehalt – der ist meistens zu hoch. Auch Zusatz- und Konservierungsstoffe müssen nicht sein, deshalb auch hier darauf achten: je weniger, desto besser! Verbannen Sie, wenn möglich, auch alle Fix-Tüten aus Ihrem Vorrat. Würzen können Sie selber am besten – bin ich sicher! Und ganz wichtig: Lassen Sie die Hände von sogenannten Kinderlebensmitteln. Bunt bedruckt, locken sie zwar jedes Kind, aber leider oft mit falschen Versprechungen. Es steckt meist zu viel an Fett, Zucker und Aromastoffen drin, zu wenig allerdings an den versprochenen Nährstoffen, Vitaminen und Mineralstoffen. Selbst gemacht schmeckt auch hier am besten.

Übrigens: Ein kritischer Blick aufs Etikett kann Ihnen helfen, die Qualität des Fertiggerichts einzuschätzen. Das Lebensmittel, das mengenmäßig am meisten enthalten ist, steht immer an erster Stelle der Zutatenliste, an letzter Stelle kommt die Zutat, die am wenigsten verwendet wurde. Lesen Sie also das Gemüse bei der Gemüsesuppe nicht an erster oder zweiter Stelle, so können Sie sicher sein, dass nicht viele Vitamine im Teller schwimmen. Eine weitere Orientierungshilfe ist die Haltbarkeit. In der Regel gilt: Je länger das Produkt ungekühlt haltbar ist, desto mehr ist es verarbeitet und umso geringer ist sein ernährungsphysiologischer Wert. Kann man nachvollziehen, oder?

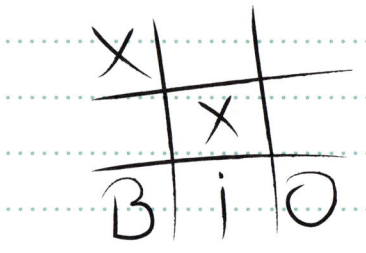

Auf dem Wochenmarkt einkaufen

Was ist schöner, als über den Markt zu schlendern und sich von den Farben der Gemüsestände inspirieren zu lassen? Bauern- und Wochenmärkte findet man immer häufiger auch in der Großstadt – nutzen Sie die Chance und kaufen Sie Obst und Gemüse der Saison. Nicht nur weil es aromatisch und frisch schmeckt, sondern auch weil es keine langen Transportwege hinter sich bringen muss. Es wird in der Regel weder unreif geerntet, noch mit Chemikalien gespritzt, um länger haltbar zu sein, sondern kommt frisch vom Feld auf den Markt. So landen nur vollreife Früchtchen im Einkaufskorb, die Kind und Kegel am besten schmecken werden. Auf Saison und Region zu achten schont außerdem das Klima und auch den Geldbeutel. Na, wenn das kein Argument ist!

BIO VOM BALKON

Wie wäre es mal, Obst und Gemüse selbst anzubauen? Egal ob Tomaten, Zucchini, Auberginen, Radieschen oder Erdbeeren – viele Pflanzen gibt es im Gartencenter bereits für den Balkon zu kaufen. So sehen die Kinder nicht nur, wie was wächst, solche Früchte dürfen auch, wenn man auf Spritzmittel verzichtet, direkt vom Strauch bedenkenlos genascht werden.

Oder doch besser bio?

Die Frage, ob Sie komplett alle Lebensmittel in Bio-Qualität einkaufen möchten, können nur Sie selbst beantworten. Natürlich spielt auch hier der Preis eine Rolle. Ich persönlich kaufe so viel bio wie möglich. Fleisch und Wurst schmecken einfach besser, und ich weiß, woher sie kommen. Ich plane lieber weniger davon in meinen Speiseplan ein und kaufe dafür Fleisch von glücklichen Hühnern. Haben Sie einen Metzger Ihres Vertrauens? Auch das ist völlig in Ordnung. Ich kann auch nicht bei unserem Lieblingsmetzger vorbeigehen, ohne ein bisschen über die Stränge zu schlagen und die halbe Auslage zu plündern. Er kann mir sagen, woher seine Ware kommt, und verkauft sie nicht zu Dumpingpreisen. Dann muss es auch nicht bio sein. Bei Eiern und Milchprodukten versuche ich hingegen ganz auf bio zu setzen. Wenn ich Gemüse und Obst im Supermarkt kaufe, dann meist in Bio-Qualität, beim Bauernmarkt setze ich eher auf Regionalität, Saison und ebenfalls Vertrauen. Getreide ist mir ein bisschen egal – bin ich eh schon im Bio-Supermarkt, dann nehme ich auch Haferflocken und Pasta mit, muss aber nicht sein.

Im Umland gibt es tolle Hofläden, in denen Bauern ihre Waren direkt verkaufen. Wir verbinden das oft mit einem kinderfreundlichen und spannenden Ausflug und fahren mit vollen Taschen wieder heim. Oftmals züchten Bauern in Freilandhaltung, füttern und pflanzen ökologisch, sind aber wegen der vielen Reglements nicht bemüht, ein Bio-Siegel zu erlangen. Sie sehen schon, in solchen Fällen stimmen das Produkt und der Preis.

UNSERE VORRATSKAMMER – WIE BEI MEINER OMA

Ich gebe es zu: Ich habe mir IMMER eine große Speise- oder Vorratskammer gewünscht. In Stadtwohnungen muss man aber schon froh sein, wenn man Platz für alle Mann zum Schlafen findet – eine Vorratskammer ist da wahrer Luxus. Nun haben wir endlich Glück und ziehen in ein neues Zuhause mit Vorratskammer. War nicht das Hauptkriterium für den Umzug, aber ich freue mich wirklich jeden Tag darüber!

DAS IST DRIN IN MEINEM LIEBLINGSZIMMER:

GETREIDE:

Nudeln
Suppennudeln
Reis
Milchreis
Couscous
Bulgur
Wrap-Fladen

CEREALS

+ ein großes Sortiment an Einmachgläsern und -dosen fürs Einfrieren von Suppen, Saucen und Brühe

Kartoffeln, Zwiebeln und viel Knoblauch

KONSERVEN:

Mais
Kidneybohnen
weiße Bohnen
ganze, gestückelte und passierte Tomaten
Tomatenmark
Sardellen
Oliven
Chilischoten

BACKEN:

Mehl
Zucker
Puderzucker
gemahlene Nüsse
Schokolade
Haferflocken
Müsli
Knäckebrot

+ AUSSERDEM

Gemüsebrühe, Vollkornkekse, Süßkram

VORRATSKÜCHE

Dadurch, dass ich in der *KinderKüche* täglich für ca. 300 Kinder Essen zubereite, habe ich ein kleines Problem damit, zu Hause für nur vier Personen zu kochen. Meist könnten dreimal so viele Menschen satt werden. Macht aber nichts, weil ich nicht nur eine große Speisekammer habe, sondern mittlerweile auch eine große Gefriertruhe. Ich packe die Reste einfach in Gefrierbeutel und habe somit in quirligen Zeiten immer schnell ein Mittag- oder Abendessen fertig. Nicht nur Suppen, Eintöpfe und Saucen lassen sich super einfrieren. Auch frische Kräuter kann man gewaschen, gehackt und portioniert gut im Tiefkühlfach aufbewahren. Wichtig: Schreiben Sie immer Inhalt und das Abfülldatum auf die Beutel. Den Inhalt aufzuschreiben ist hilfreich, weil man – zum Beispiel bei tiefgefrorenem Fleisch und tiefgekühlten Suppen und Saucen – nicht immer gleich erkennt, was in dem Beutel steckt. Das Datum zu notieren ist nötig, weil auch Tiefgekühltes nicht ewig hält. Deshalb sollten Sie es über die nächsten Wochen oder spätestens Monate aufbrauchen. Es wäre zu schade, wenn ein tolles Süppchen oder die leckere Sauce irgendwann im Müll landet. Also immer wieder reinschauen in den Tiefkühlvorrat und genüsslich am Abend ohne zu schnippeln Suppe löffeln.

Gekochte Nudeln oder Kartoffeln halten sich im Kühlschrank etwa zwei Tage und können zum Beispiel für Aufläufe oder Salate weiterverwendet werden. Salatsaucen bereite ich gern in größeren Mengen zu und fülle sie in kleine Glasflaschen ab. So hat man ein paar Tage hintereinander mehr von einer gut gelungenen Sauce, und der Salat ist blitzschnell auf dem Tisch.

Für Suppen und Saucen mache ich mir oft die Mühe und koche frische Hühner- oder Rinderbrühe im größten Topf, den wir haben. In großen Einmachgläsern bleiben sie vakuumiert im Kühlschrank ein paar Tage haltbar und sind beim Kochen schnell zur Hand. Auch tiefgefroren sind Brühen ein perfekter Vorrat, der mit verschiedenen Einlagen immer wieder neu variiert werden kann. Mal wird daraus eine Nudelsuppe, mal eine Gemüse- oder Grießklößchensuppe. Hühnchen und Rindfleisch aus der Suppe schmecken angebraten oder auch kalt auf leckeren Sandwiches oder als Geschnetzeltes. Sogar das Suppengemüse lasse ich kurz abtropfen und mische es mit bestem Olivenöl und etwas Balsamico zu einem schnellen Gemüsesalat.

Wenn's superschnell gehen muss, greife ich auch gerne auf gekaufte Tiefkühlkost zurück. Spinat aus der Tiefkühltruhe kommt zum Beispiel als Füllung in den schnell gerührten Pfannkuchen, aus Erbsen wird in Minutenschnelle eine pürierte Gemüsesuppe, und heiß gemachte TK-Beeren werden ratzfatz zur leckeren Beilage zu Milchreis oder Grießbrei als süßes Hauptgericht.

+ Lagern Sie die Lebensmittel mit System: Kürzer haltbare Lebensmittel in die erste Reihe schieben, länger haltbare nach hinten.

IM KÜHLSCHRANK:

frisches Obst und Gemüse
Eier
Butter, Sahne
Naturjoghurt, Milch
Parmesan
Frischkäse
Schinken und Wurst

TIEFKÜHLVORRAT:

TK-Gemüse, z.B. Spinat, Erbsen und Bohnen
Beeren
Fischfilets
TK-Kräuter
TK-Blätterteig

+ TIPP

Verpacktes wenn möglich auspacken und ohne Karton lagern – schafft Platz für noch mehr Vorrat.

RICHTIG LAGERN IM KÜHLSCHRANK

Meine Mutter war eine wahre Kühlschrank-chaotin. Leider habe ich das von ihr geerbt. Deshalb muss auch ich mir immer wieder ein paar Regeln in den Kopf martern, damit ein bisschen Ordnung in das Chaos kommt. Nicht, dass die Jungs unserem Kühl-schrankvorbild irgend-wann nacheifern.

GANZ OBEN

Hier stehen Lebensmittel, die nicht so gut gekühlt sein müssen, wie Marmelade, Senf, Eier und Getränke.

+ TIPP

Damit der Kühlschrank hygienisch sauber bleibt, wischen Sie ihn regelmäßig mit etwas verdünnter Essigessenz aus. Das ist übrigens auch für die Brotbox empfehlenswert, damit Brot nicht so schnell schimmelt.

MITTE

MILCHPRODUKTE

GLASPLATTE

+ LEICHT VERDERBLICHES

wie Fleisch, Wurst und Fisch

GEMÜSEFACH

Im Gemüsefach halten sich Salat und Gemüse lange frisch. Aber: Keine nachreifenden Sorten wie Bananen oder Äpfel lagern - die gehören (allerdings getrennt) in den Obstkorb. Und: Tomaten niemals im Kühlschrank lagern - nur bei Zimmertemperatur behalten sie ihr köstliches Aroma.

NAHRUNGSMITTEL-UNVERTRÄGLICHKEITEN UND ALLERGIEN:

... leider immer mehr und immer öfter!

Ob Laktose, Hühnereiweiß oder Getreide – leider leiden schon viele Kinder im Klein-
kindalter an einer Nahrungsmittelunverträglichkeit oder einer Allergie. Hat Ihr Kind
Probleme mit einem bestimmten Nahrungsmittel, zeigt es zum Beispiel immer wieder
Beschwerden wie Ausschläge, Bauchweh oder Durchfall, dann gehen Sie zum Arzt
und lassen einen Test machen. Vorsorglich auf bestimmte Lebensmittel zu verzichten
macht keinen Sinn und kann im schlimmsten Fall – gerade bei Kindern – oft zu einem
gestörten Essverhalten führen.

Ob eine Allergie oder eine Intoleranz vorliegt, kann letztendlich nur ein Arzt sicher
feststellen. In bestätigten Fällen macht es Sinn, sich professionelle Ernährungsberatung
zu holen. Je nach Art der Allergie oder Intoleranz muss teilweise oder komplett auf
bestimmte Lebensmittel verzichtet werden. Es ist nicht ganz leicht, im Alltag damit umzugehen, doch im Supermarkt, Drogeriemarkt und Reformhaus finden Sie mittlerweile
eine Vielzahl an Austausch- und Ersatzprodukten, mit denen es sich prima kochen
und backen lässt. Wer etwa eine Glutenunverträglichkeit hat, kann auf Alternativen wie
Mais, Amarant, Buchweizen, Hirse und Quinoa zurückgreifen. Bei Laktoseunverträglich-
keit wird Milchzucker in geringen Mengen oft vertragen, deshalb dürfen zum Beispiel
manche Käsesorten unbedenklich gegessen werden. Zudem gibt es selbst im Supermarkt
heute bereits unzählige Milchprodukte und Lebensmittel laktosefrei.

... bleiben Sie locker

Der normale Umgang mit der Nahrungsmittelunverträglichkeit oder Allergie hilft
Kindern, mit der Situation sicher und souverän umzugehen. Gehen Sie deshalb
mit Ihrem Kind von klein auf zum Einkaufen und zeigen Sie ihm, wie es schon auf dem
Lebensmitteletikett diejenigen Zutaten erkennen kann, die es meiden soll. Kochen
Sie regelmäßig mit Ihrem Kind und zeigen Sie ihm, auf welche Lebensmittel es reagiert
und wie einfach es ist, diese Produkte auszutauschen. Krankenkassen und Volkshoch-
schulen bieten übrigens oft Kochkurse zu speziellen Unverträglichkeiten an.

5 AM TAG: TAKE IST EASY

Fünfmal am Tag frisches Obst und Gemüse, das wäre, laut Experten, ideal für eine gesunde Ernährung. Das ist nicht so aufwendig, wie es sich anhört, denn die empfohlene Menge ist die eigene Handgröße, und wenn man sie auf die Mahlzeiten verteilt, könnte das ganz einfach so aussehen:

- Zum Frühstück frisches Obst in den Smoothie, ins Müsli oder in den Joghurt.
- Vormittags schmeckt ein Snack aus klein geschnittenem Obst oder auch ein frisch gepresster Saft.
- Zum Mittagessen kommt Gemüse oft in gekochter Form auf den Tisch. Zu Gerichten ohne Gemüse einfach Salat oder Rohkost anbieten.
- Nachmittags werden frische Früchte am liebsten klein geschnitten geknabbert. Joghurt oder Apfeltaschen gibt's dazu. Wer's herzhaft mag, knabbert eine Möhre.
- Wenn die Familie gemeinsam zu Abend isst, kann Gemüse roh oder gekocht auf den Tisch kommen.

Und schwupps, haben Sie fünf gesunde Mahlzeiten am Tag. War doch gar nicht so schwer. Und wer zwischendurch etwas Süßes möchte, darf auch das natürlich immer wieder mal. Ist doch klar! Bringen Sie Entspannung in Ihr Leben – gerade beim Essen. Zu oft stresst uns doch, dass die Kinder zu wenig oder zu viel oder gar nicht essen. Vertrauen Sie auf sich – Sie werden schon die Vorlieben Ihrer Kinder herausfinden und ihnen dann eben ein bisschen Gemüse in die Tomatensauce mogeln, weil Tomatensauce immer geht. Und je älter die Kinder werden, desto offener werden sie in der Regel auch für Neues und Unbekanntes. Auch ich hab mir immer Kinder gewünscht, die ALLES essen. Ganz klar, dass ich genau das Gegenteil bekommen habe. Seitdem ich mich aber davon frei gemacht habe, dass sie jegliches Gesunde sofort und ab Tag 1 mögen sollten, ist es komischerweise sofort besser geworden. Frederik liebt seinen Karotten-Apfel-Salat, Vincent liebt Gemüsesuppen aller Art, und Couscous darf durchaus Gemüse-getupft sein! Also: Abwarten, durchatmen und mit Geduld und Spucke kochen und genießen. Viel Spaß, liebe Eltern!

MEIN WOHLFÜHL-TIPP:
An einem schön gedeckten Tisch schmeckt's doppelt so gut. Bei uns brennen jeden Morgen Kerzen, am Sonntag kommt das schönste Geschirr auf den Tisch, und frische Blumen gehören für mich, seit ich denken kann, auf den Familientisch. Lassen Sie Ihre Kinder beim Tischdecken helfen, so lernen sie schon früh Gemütlichkeit schätzen und ganz nebenbei, wo Messer, Gabel und Löffel ihren Platz haben.

KAPITEL 1

GUTE LAUNE SNACKS

Gesundes fürs Frühstück, Leckeres für die Pause oder zwischendurch, Verpflegung für unterwegs — wer Kinder hat, braucht abwechslungsreiche Snack-Ideen. Also ran ans Müslimischen oder Pfannkuchenbacken und ab in die Box mit bunten Spießen, Sandwiches, Rosinenbrötchen und Co.

YUMMY!

+ TIPP
LECKERE KNABBEREI FÜR
ZWISCHENDURCH

KNUSPERRIEGEL VOM BLECH

Ein buchstäblich kerngesunder Snack voller Vitamine, Eisen und Magnesium – der darf ruhig öfter in kleine Kinderhände.

1 Den Backofen auf 175°C (Umluft) vorheizen. Die Datteln in feine Würfel schneiden. Alle trockenen Müslizutaten in einer großen Schüssel mit einem Kochlöffel gründlich vermischen. Das Öl und den Honig gut unterrühren.

2 Ein Backblech mit Backpapier auslegen. Die Knusperriegelmasse gleichmäßig darauf glatt streichen und mit einem Küchenspachtel etwas fest drücken.

3 Die Masse im Ofen auf der mittleren Schiene etwa 20 Minuten goldbraun backen. Aus dem Ofen nehmen und nur kurz, etwa 3 Minuten, abkühlen lassen.

4 Die Knusperriegel im noch warmen Zustand in Rechtecke, Dreiecke oder lange Rauten schneiden. Die Riegel halten sich in einem verschließbaren Gefäß locker ein paar Tage – wenn sie nicht vorher schon alle aufgegessen werden.

Wer mag:

Die Knusperriegel mit etwas geschmolzener heller oder dunkler Schokolade beträufeln und abkühlen lassen.

ZUTATEN

FÜR CA. 60 STÜCK
100 g getrocknete Datteln
300 g kernige Haferflocken
50 g helle Sesamsamen
50 g Mandelblättchen
50 g Kürbiskerne
50 g Haselnussblättchen
100 g Kokosraspel
1 EL Zimtpulver
80 g Sonnenblumenöl
250 g Honig

 ca. 10 Min.
+ 20 Min. Backzeit

KINDER-LIEBLING

BIRCHER-CREME

1 Die Rosinen kurz im Orangensaft einweichen. Die Aprikosen sehr klein schneiden. Den Quark mit der Milch glatt rühren.

2 Die gemahlenen Mandeln, Kokosraspel und Schmelzflocken unter den Quark rühren. Die Aprikosenstücke mit den Rosinen und dem Orangensaft in die Quarkcreme rühren.

3 Die Creme auf vier Schälchen verteilen. Mit je 2 TL Apfelmus toppen und zum Frühstück löffeln oder zum Mitnehmen in eine dicht verschließbare Box füllen.

MÜSLI SELBST GEMACHT

1 Den Backofen auf 180 °C (Umluft) vorheizen. Ein Backblech mit Backpapier auslegen. Die Haferflocken, die Nüsse, den Zucker und die Gewürze in einer Schüssel vermischen. Den Honig und das Öl dazugeben und alles kräftig durchmischen.

2 Die Müslimischung auf dem Backblech verteilen und im Ofen auf der mittleren Schiene etwa 40 Minuten knusprig backen. Zwischendurch immer mal wieder umrühren.

3 Das Müsli aus dem Ofen holen. Sobald es ganz ausgekühlt ist, mit der Schokolade mischen. In einem luftdicht verschlossenen Glas aufbewahren.

BUNTE OBSTSPIESSE

1. Die Birnen waschen, vierteln und die Kerngehäuse entfernen. Die Birnenviertel quer jeweils in 4 Teile schneiden. Die Bananen schälen und in insgesamt 32 Stücke schneiden. Die Trauben waschen. Das Obst abwechselnd auf die Spieße stecken.

2. Für die Glasur die Schokolade in einer Schüssel im warmen Wasserbad schmelzen, ab und zu umrühren. Inzwischen die Nüsse in einer beschichteten Pfanne ohne Fett kurz anrösten.

3. Die Obstspieße mit der geschmolzenen Schokolade beträufeln und die gerösteten Nüsse über die Schokolade streuen. Fertig ist ein leckerer Nachmittagssnack.

ZUTATEN

FÜR 16 KLEINE SPIESSE
2 Birnen
4 Bananen
400 g blaue Trauben
16 kleine Holzspieße
100 g Zartbitterschokolade
6 EL gemischte Nüsse, gehackt

 ca. 15 Min.

KNUSPER-BEEREN-QUARK

1. Die Mandeln und Haselnüsse in einer beschichteten Pfanne ohne Fett bei mittlerer Hitze etwa 2 Minuten anrösten. Die frischen Beeren verlesen, waschen und kurz abtropfen lassen, tiefgekühlte Beeren auftauen lassen.

2. Den Quark mit der Milch cremig rühren und in vier Schüsselchen füllen. Die Beeren darauf verteilen. Mit den gerösteten Nüssen bestreuen.

ZUTATEN

FÜR 4 PERSONEN
100 g Mandelblättchen
60 g Haselnussblättchen
je 150 g frische oder tiefgekühlte Himbeeren und Heidelbeeren
300 g Speisequark
100 ml Milch

 ca. 10 Min.

LIEBLINGSSPIESSE

+ VARIANTE

HIER SIND DER FANTASIE KEINE GRENZEN GESETZT! AUFGE-SPIESST WIRD, WAS SCHMECKT!

ZUTATEN

🕐 ca. 30 Min.

FÜR 4 PERSONEN

FÜR MAMA UND PAPA:

5 Scheiben Baguette · 1 rote Zwiebel
1 EL Olivenöl · 12 dunkle Trauben
150 g Parmaschinken
100 g Camembert, gewürfelt
Salz · Pfeffer aus der Mühle

FÜR 2 KINDER:

1 Paprikaschote · ½ Zwiebel
½ Gurke · 2 Wiener Würstchen
2 feste Tomaten
12 Mini-Mozzarellakugeln

AUSSERDEM:
Schaschlikspieße

1 Brot würfeln, Zwiebel schälen, vierteln, einzelne Schichten trennen. Beides mit Öl beträufeln, im Ofen bei 200°C 8 Minuten anrösten, abkühlen. Trauben waschen.

2 Abwechselnd den Parmaschinken, das geröstete Brot, die Trauben, den Camembert und die Zwiebel gleichmäßig auf die Spieße stecken und mit Salz und Pfeffer würzen.

3 Für die Kinderspieße Paprika längs halbieren, entkernen und waschen. Paprika erst in Streifen, dann in Stücke schneiden, sodass man sie gut aufspießen kann.

4 Die Zwiebel schälen, vorsichtig mit dem Messer vierteln und dann die einzelnen Schichten voneinander lösen. Die festen Zwiebelstücke lassen sich am besten aufspießen, wenn man sie dabei hinlegt.

5 Gurke waschen, längs vierteln und dann in Würfel schneiden. Die Würstchen in Stücke schneiden. Die Tomaten waschen und in Achtel oder Viertel schneiden. Den Mozzarella abtropfen lassen.

6 Jetzt darf jeder nach Lust und Laune seine Spieße bestücken. Vielleicht gibt es im Kühlschrank sogar noch andere Zutaten, die man aufspießen kann. Lecker sind auch Spieße mit Früchten.

MINI-SCHOKO-PANCAKES

1 Die Eier trennen. Die Eiweiße mit 1 Prise Salz zu steifem Schnee schlagen. Die Eigelbe mit Mehl, Zucker, Milch, Kakao und Backpulver zu einem glatten Teig verrühren. Den Eischnee unter den Teig heben.

2 Die Butter in einer beschichteten Pfanne erhitzen. Aus dem Teig darin etwa 12 Mini-Pfannkuchen auf beiden Seiten ausbacken. Dick mit Puderzucker bestäubt servieren.

ZUTATEN

FÜR 12 MINI-PANCAKES
3 Eier
Salz
150 g Mehl
50 g Zucker
300 ml Milch
4 EL Kakaopulver
1 TL Backpulver
1 EL Butter
Puderzucker zum Bestäuben

 ca. 25 Min.

PFANNKUCHEN MIT SPECK

1 Die Eier trennen. Die Eiweiße mit 1 Prise Salz zu steifem Schnee schlagen. Die Eigelbe mit Zucker schaumig schlagen. Mehl und Buttermilch unterrühren, dann den Eischnee unterheben.

2 Den Backofen auf 50°C vorheizen. Eine beschichtete Pfanne erhitzen, darin aus dem Teig etwa 12 kleine Pfannkuchen ohne Fett ausbacken. Fertige Küchlein im Ofen warm halten.

3 Inzwischen den Speck in der Pfanne knusprig braten. Banane schälen und klein schneiden. Trauben waschen. Orange filetieren und mit Banane und Trauben mischen. Die Pfannkuchen mit Speck und Obstsalat anrichten und mit Ahornsirup übergießen.

ZUTATEN

FÜR 12 MINI-PFANNKUCHEN
4 Eier
Salz
50 g Zucker
150 g Mehl
300 ml Buttermilch
12 Scheiben Frühstücksspeck
1 Banane
1 Handvoll blaue Trauben
1 Orange
100 ml Ahornsirup

 ca. 25 Min.

KINDER-LIEBLING

+ VARIANTE

KLEINE BANANENSTÜCKE UNTER
DEN TEIG MISCHEN.

SWEET-TOOTH-CRÊPES

Diese Crêpes hat meine Freundin Nadège im letzten Italienurlaub jeden Morgen für uns gebacken – für vier Familien mit insgesamt neun Kindern. Das waren dann um die 36 Pfannkuchen jeden Tag.

1 Die Eier in einer Schüssel schaumig rühren. Die Butter in einem kleinen Topf zerlassen und unter die Eier rühren.

2 Das Mehl, den Zucker, 1 Prise Salz und die Milch dazugeben und alles zu einem sehr glatten, dünnflüssigen Teig verrühren.

3 Eine beschichtete Pfanne erhitzen. Darin nacheinander ohne Fett (denn das ist durch die Butter schon im Teig) 8 dünne Crêpes auf jeder Seite goldgelb ausbacken. Die Crêpes nach Belieben füllen (siehe unten). Gerollt oder gefaltet servieren.

ZUTATEN

FÜR CA. 8 DÜNNE CRÊPES
3 Eier
1 EL Butter
200 g Mehl
1 EL Zucker
Salz
300 ml Milch

 ca. 25 Min.

GANZ FIX

FÜLLUNG 1

Die Crêpes mit je 1 TL Zucker, Zimtzucker oder Schokoladenstreuseln bestreuen. Auch gehackte Nüsse schmecken lecker.

FÜLLUNG 2

Die Crêpes mit je 1 EL Magerquark, Sahnequark oder Sauerrahm bestreichen und mit 2 EL klein geschnittenen frischen Früchten belegen.

FÜLLUNG 3

Die Crêpes mit je 1 TL Schoko- oder Nuss-Nougat-Creme bestreichen und mit je ¼, in dünne Scheiben geschnittenen Banane belegen.

SALTY-TOOTH-CRÊPES

1 Die Eier in einer Schüssel schaumig rühren. Die Butter in einem kleinen Topf zerlassen und unter die Eier rühren.

2 Das Mehl, das Salz, die Basilikumblätter und die Milch dazugeben und alles zu einem sehr glatten, dünnflüssigen Teig verrühren.

3 Eine beschichtete Pfanne erhitzen. Darin nacheinander ohne Fett (denn das ist schon im Teig) 8 dünne Crêpes zubereiten: Eine Seite goldgelb ausbacken, Crêpe umdrehen und die Zutaten einer ausgewählten Füllung (siehe unten) darauf verteilen. Sobald der Teig unten fest ist, die Crêpe zweimal zusammenklappen. Aus der Pfanne nehmen und sofort servieren.

ZUTATEN

FÜR CA. 8 DÜNNE CRÊPES
3 Eier
1 EL Butter
200 g Mehl
1 TL Salz
1 EL Basilikumblätter, fein gehackt
300 ml Milch

 ca. 25 Min.

VEGGIE

FÜLLUNG 1

Nach dem Wenden jede Crêpe mit 1 EL Pesto (Rezept S. 62) bestreichen und klein gewürfelten Büffelmozzarella (für 8 Crêpes etwa 200 g) darauf verteilen.

FÜLLUNG 2

Nach dem Wenden jede Crêpe mit 1 EL Orangenmarmelade bestreichen und mit klein geschnittenem Camembert (für 8 Crêpes etwa 200 g) und mit frisch gemahlenem Pfeffer bestreuen.

FÜLLUNG 3

Nach dem Wenden auf jede Crêpe 2 EL fein geraspelte Zucchini oder 2 EL klein geschnittene Oliven und gewürfelten Feta (für 8 Crêpes etwa 200 g) verteilen.

BELLA-ITALIA-TRAMEZZINI

1 Die Tomaten waschen und die Stielansätze entfernen. Den Mozzarella abtropfen lassen. Tomaten und Mozarella in Scheiben schneiden. Die Basilikumblätter abzupfen und abbrausen.

2 4 Scheiben Weißbrot mit Tomate, Mozzarella, Basilikum und je ½ Scheibe Schinken belegen. Mit Salz und Pfeffer würzen. Je 1 Scheibe Brot darüberlegen und das Ganze noch mal mit allem belegen. Zum Schluss die letzten Brotscheiben fest draufdrücken.

3 Die Sandwiches etwa 10 Minuten mit einem dicken Holzbrett beschweren, damit sie nicht auseinanderfallen. Wenn sie schön fest sind, einmal schräg durchschneiden.

ZUTATEN

FÜR 4 PERSONEN
3 Eiertomaten
4 Kugeln Mozzarella (à 125 g)
½ Topf frisches Basilikum
12 Scheiben Tramezzini-Brot
(dünnes italienisches Kasten-weißbrot)
4 Scheiben Parmaschinken
Salz
Pfeffer aus der Mühle

 ca. 15 Min.

ALLGÄUER BERGE

1 Die Brote mit der Butter bestreichen. Die Kresse abschneiden, abbrausen und trocken tupfen. Die Frühlingszwiebeln putzen, waschen und bis zum dicken Grün in feine Ringe schneiden.

2 Kresse und Frühlingszwiebelringe auf 4 Brothälften streuen. Mit dem Käse belegen, mit Pfeffer würzen. Je 1 Scheibe Brot darüberlegen und einmal schräg durchschneiden.

Tipp:

Für Frederik und Vincent lasse ich Frühlingszwiebeln und Pfeffer weg und ersetze sie manchmal durch milde Radieschen oder Gurke.

ZUTATEN

FÜR 4 PERSONEN
8 Scheiben Kasten-Vollkorn-brot
2 EL Butter
1 Kästchen Kresse
1 Bund Frühlingszwiebeln
8 Scheiben Allgäuer Bergkäse
(ca. 300 g)
Pfeffer aus der Mühle

 ca. 10 Min.

FITMACHER-SANDWICHES

1 Die Avocado halbieren, Stein entfernen und das Fruchtfleisch schälen. Mit Limettensaft in eine Schüssel geben und fein zerdrücken, mit Salz und Pfeffer würzen. Chicorée putzen, waschen und in sehr feine Streifen schneiden.

2 4 Scheiben Brot mit der Avocadocreme bestreichen. Chicorée darauf verteilen. Mit je 1 Scheibe Hähnchenfleisch belegen. Restliche Brotscheiben darüberklappen und die Sandwiches diagonal vierteln.

Tipp:

Für meine Jungs lasse ich den oft etwas herben Chicorée weg, man muss es ja nicht übertreiben mit dem Gemüse.

ZUTATEN

FÜR 4 PERSONEN
1 reife Avocado
Saft von 1 Limette
Salz
Pfeffer aus der Mühle
½ Chicorée
**8 Scheiben Tramezzini-Brot
(dünnes italienisches Kasten-
weißbrot)**
**4 Scheiben Hähnchenbrust-
filet, gebraten (ca. 5 mm dick)**

 ca. 15 Min.

CAMEMBERT-SANDWICHES

1 Die Pfirsiche waschen, halbieren und entsteinen. Die Pfirsichhälften in feine Spalten schneiden.

2 Den Camembert auf 2 Broten verstreichen. Die Pfirsichspalten gleichmäßig auf dem Käse verteilen. Die restlichen beiden Brote darüberklappen und zu 4 Sandwiches schneiden.

Wer mag:

Eine halbe rote Zwiebel in feine Scheiben schneiden und gleichmäßig auf den Käsebroten verteilen.

ZUTATEN

FÜR 4 PERSONEN
**2 Bergpfirsiche (oder Obst der
Saison)**
**250 g reifer Camembert (oder
Taleggio)**
4 große Scheiben Bauernbrot

 ca. 10 Min.

SCHINKEN-EI-TÖRTCHEN

In einer „Low carb"-Phase bin ich über dieses Gericht gestolpert. Die Phase hielt nicht lang, die Törtchen dagegen blieben als eines unserer Lieblings-Frühstücksrezepte. Mit Beilage sind sie auch fein fürs Brunch-Büfett.

1 Den Backofen auf 140 °C (Umluft) vorheizen. Je 2 Scheiben Schinken in die Vertiefungen einer Muffinform legen. Dabei darauf achten, dass der Boden und die Seiten mit Schinken komplett ausgekleidet sind, damit das Ei später nicht an der Form haften bleibt.

2 Jedes Ei aufschlagen und vorsichtig in eine Mulde gleiten lassen, sodass das Eigelb dabei nicht kaputtgeht. Mit Salz und Pfeffer würzen.

3 Die Törtchen im Ofen auf der mittleren Schiene so lange backen, bis das Ei die gewünschte Konsistenz hat. Mein Mann und ich mögen es gerne wachsweich, die Kinder nur, wenn es ganz durchgegart ist. Nach Belieben pur oder mit einer Beilage (siehe unten) genießen.

ZUTATEN

FÜR 6 STÜCK
12 Scheiben roher Schinken (ca. 200 g)
6 Eier
Salz
Pfeffer aus der Mühle

 ca. 15 Min.

BEILAGE 1

100 g abgetropfte Kidneybohnen mit 2 EL Tomatenmark in einer Pfanne erhitzen. Mit Salz, Pfeffer und etwas Chilipulver scharf würzen.

BEILAGE 2

2 Tomaten in Scheiben schneiden. Fächerförmig auf einem Teller anrichten und mit gehacktem Rucola bestreuen. Mit etwas Olivenöl beträufeln, mit Salz und Pfeffer würzen. Die Schinken-Ei-Törtchen darauf anrichten.

BEILAGE 3

2 Paprikaschoten halbieren, entkernen und waschen, mit der Innenseite auf ein mit Backpapier belegtes Backblech legen. Im Ofen bei 220 °C grillen, bis die Haut Blasen wirft. Aus dem Ofen holen, 10 Minuten in einen Gefrierbeutel stecken, dann die Haut abziehen und die Paprika klein schneiden.

ganz easy

ROSINENBRÖTCHEN

Das Rezept stammt von der lieben Mutter meiner Freundin Viktoria. Sie hat uns schon als Kinder mit diesen Brötchen gelockt, und mittlerweile locken wir unsere Kinder damit. Backen Sie ruhig ein paar mehr davon zum Einfrieren – so haben Sie immer einen verführerischen Snack parat.

1 Den Backofen auf 200 °C (Umluft) vorheizen. Den Quark mit den Eiern, der Milch, dem Öl, dem Puderzucker, dem Salz und der Zitronenschale in eine Schüssel geben. Alle Zutaten gut verrühren.

2 Erst das Mehl und das Backpulver kurz untermischen, dann die Rosinen unterrühren, sodass ein dicker, klebriger Teig entsteht.

3 Ein Backblech mit Backpapier auslegen. Aus dem Teig mit eingeölten Handflächen etwa 20 kleine Brötchen formen und auf das Backblech setzen. Die Rosinenbrötchen im Ofen auf der mittleren Schiene 15 bis 20 Minuten backen. Etwas abkühlen lassen und nach Belieben mit Butter oder Marmelade bestreichen.

Tipp:

Ihre Kinder mögen keine Rosinen? Probieren Sie es mal mit süßsäuerlichen Cranberrys oder lassen Sie Trockenfrüchte einfach weg.

ZUTATEN

FÜR CA. 20 STÜCK
250 g Speisequark
2 Eier
6 EL Milch
6 EL Rapsöl
100 g Puderzucker
½ TL Salz
abgeriebene Schale
von 1 Bio-Zitrone
500 g Dinkelmehl (Type 630)
1 Päckchen Backpulver
150 g Rosinen
Öl zum Formen

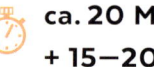 ca. 20 Min.
+ 15–20 Min. Backzeit

BELGISCHE ZIMTWAFFELN MIT KIRSCHEN

Die Anschaffung eines Waffeleisens lohnt sich immer. Wir haben uns letztens eine eckige Waffelform für die großen Brüsseler Waffeln gekauft und lieben diese dicken, knusprigen Sattmacher noch mehr als die runden Herzwaffeln.

1 Das Waffeleisen aufheizen. Den Zucker mit Zimt und Vanillezucker in einer Rührschüssel mischen. Die weiche Butter dazugeben und gründlich unterrühren. Nach und nach die Eier dazugeben und die Masse dickschaumig aufschlagen.

2 Das Mehl mit Backpulver und 1 Prise Salz mischen. Löffelweise unter die Eiermasse rühren. Zum Schluss die Milch und die Crème fraîche unter den Teig rühren.

3 Das Waffeleisen mit etwas Butter einfetten. Den Teig portionsweise mit der Schöpfkelle auf den Boden des Waffeleisens gießen, Eisen zuklappen und die Waffeln goldgelb ausbacken.

4 Die Sauerkirschen in ein Sieb abgießen und in einem Topf erwärmen. Die Sahne steif schlagen. Die Waffeln mit Sahne und Kirschen servieren.

Tipp:

Wer mag, erwärmt die Kirschen mit etwas Saft und kocht das Ganze mit 1 EL mit Wasser glatt gerührter Speisestärke auf.

Mama-Papa-Variante:

Wir bereiten den Waffelteig ab und zu statt mit Zucker mit etwas Salz zu, mischen 1 EL Meerrettich unter 200 g Crème fraîche und bestreichen die Waffeln damit. 2 Scheiben Räucherlachs darauflegen und fein gehackten Dill darüberstreuen! Wahnsinnig lecker!

ZUTATEN

FÜR 6 WAFFELN
125 g Zucker
1 TL Zimtpulver
1 Päckchen Vanillezucker
100 g weiche Butter
4 Eier
300 g Dinkelmehl (Type 1050)
½ Päckchen Backpulver
Salz
150 ml Milch
300 g Crème fraîche
Butter fürs Waffeleisen
1 Glas Sauerkirschen
200 g Sahne

 ca. 25 Min.

MUM'S BEST

VOLLER SUPERFOODS FÜR
SUPERWOMEN

FAMILY'S GREEN

GRÜNE POWER DURCH AVOCADO,
APFEL UND SPINAT

DADDY'S BEST

GEBALLTE VITAMIN-
DOSIS FÜR STARKE
MÄNNER

KID'S BEST

BANANE, ANANAS UND MANGO
SORGEN FÜR VERFÜHRERISCHE
SÜSSE.

FAMILY'S GREEN

1 Die Banane schälen und vierteln. Die Avocado halbieren, den Stein entfernen und die Hälften schälen. Den Apfel waschen und grob zerkleinern, dabei das Kerngehäuse entfernen. Den Spinat verlesen und gründlich waschen.

2 Alle Zutaten mit ¼ l Wasser in den Küchenmixer geben und pürieren, bis ein schön cremiger Smoothie entsteht.

Variante:

Den Apfel durch Birne ersetzen, den Spinat durch Eisbergsalat.

ZUTATEN

FÜR 2 PERSONEN
1 Banane
1 Avocado
1 Apfel
1 Handvoll junger Spinat

 ca. 10 Min.

KID'S BEST

1 Die Banane schälen und vierteln. Die Ananas schälen, den Strunk herausschneiden und das Fruchtfleisch klein schneiden. Die Mango schälen, das Fruchtfleisch zuerst vom Stein und dann in Stücke schneiden. Die Limette schälen und filetieren. Die Orange auspressen.

2 Alle Früchte in den Küchenmixer geben. Mit 100 ml Wasser und Orangensaft zu einem goldgelben Smoothie mixen.

Variante:

Statt mit Wasser mit Milch oder Mandelmilch aufgießen, dann aber die Limette weglassen, sonst gerinnt der Smoothie.

ZUTATEN

FÜR 2 PERSONEN
1 Banane
½ Ananas (ca. 200 g Fruchtfleisch)
½ Mango (ca. 100 g)
1 Limette
Saft von 1 Orange

 ca. 10 Min.

MUM'S BEST

1. Den Apfel und die Birne waschen und achteln, dabei die Kerngehäuse entfernen. Die Limette schälen und filetieren. Den Spinat verlesen und gründlich waschen. Den Ingwer schälen und klein würfeln. Die Minze waschen.

2. Die Früchte, den Spinat, Ingwer, Minze und Chia-Samen in den Küchenmixer geben. Mit 200 ml Wasser zu einem cremigen Smoothie mixen.

Variante:

Statt einen Smoothie zu mixen, entsafte ich mir ab und zu 2 Möhren, 1 Apfel und 1 Orange zu einem Vitamincocktail. Manchmal kommt noch 1 Stange Sellerie mit in den Entsafter.

ZUTATEN

FÜR 2 PERSONEN
1 Apfel
1 Birne
1 Limette
1 Handvoll junger Spinat
1 Stück Ingwer
1 EL Minzeblätter
40 g Chia-Samen

 ca. 10 Min.

DADDY'S BEST

1. Die Birne waschen, achteln, Stiel und Kerngehäuse entfernen. Die Banane schälen und klein schneiden. Die Rote Bete schälen und würfeln. Den Salat waschen und klein zupfen.

2. Früchte, Rote Bete und Salat mit der Mandelmilch und 50 bis 100 ml Wasser in den Küchenmixer geben und zu einem cremigen Smoothie mixen. Zum Schluss die Beeren dazugeben und gut untermixen.

Variante:

Cremiger und milder schmeckt der Smoothie, wenn Sie die Rote Bete durch 1 Avocado ersetzen.

ZUTATEN

FÜR 2 PERSONEN
1 Birne
1 Banane
½ Rote Bete
5 Blätter Endiviensalat
200 ml Mandelmilch
100 g tiefgekühlte gemischte Beeren

 ca. 10 Min.

KAPITEL 2

1...2...3...

ESSEN IST FERTIG!

Machen wir uns nichts vor: Essen kochen für die Familie muss gerade mittags oft schnell gehen, sollte nicht allzu aufwendig sein und natürlich schmecken. Die meisten meiner Ruckzuck-Rezepte sind in weniger als 30 Minuten auf dem Tisch. Wer braucht da noch Fertiggerichte?

YUMMY!

GAZPACHO MIT KORIANDERRAHM

Nur frische und gesunde Zutaten kommen in diese kalte Gemüsesuppe, die ich uns im Sommer mindestens einmal pro Woche mixe. Schnell gemacht, gut aufzubewahren und noch schneller gelöffelt!

1 Für die Gazpacho die Tomaten waschen, halbieren, Stielansätze entfernen. Tomaten in den Standmixer oder in eine hohe Rührschüssel geben. Die Gurke schälen, in Stücke schneiden, die Kerne entfernen. Die Zwiebel schälen und in kleine Würfel schneiden. Knoblauchzehen schälen. Alles Gemüse zu den Tomaten geben.

2 Die Paprika längs halbieren, entkernen, waschen und in kleine Würfel schneiden. In 1 EL Olivenöl etwa 5 Minuten andünsten und zum Gemüse geben. Zitronensaft und restliches Olivenöl dazugießen und alles im Standmixer oder mit dem Stabmixer fein pürieren. Die Gazpacho mit Salz und Pfeffer abschmecken, bis zum Servieren in den Kühlschrank stellen.

3 In der Zwischenzeit für den Korianderrahm den Sauerrahm in einer kleinen Schüssel glatt rühren. Koriander waschen und trocken schütteln. Die Blätter abzupfen und fein hacken. Unter den Sauerrahm rühren. Wer's scharf mag, mit Chiliflocken abschmecken. Die Gazpacho in tiefen Tellern anrichten und mit je einem Klecks Korianderrahm servieren.

Tipps:

Gut durchgekühlt, am besten 1 bis 2 Stunden, schmeckt Gazpacho am besten. Keine Zeit mehr, um die Suppe kühl zu stellen? Dann rühren Sie einfach ein paar Eiswürfel unter.

Wenn Ihre Kinder die Schärfe von Zwiebeln und Knoblauch noch nicht mögen, lassen Sie beides für die Kinderportionen weg.

Koriander ist nicht jedermanns Sache und lässt sich ganz easy durch frisch gehackte Lieblingskräuter ersetzen.

ZUTATEN

FÜR 4 PERSONEN

FÜR DIE GAZPACHO:
500 g Eiertomaten
(frisch oder aus der Dose)
½ Salatgurke
½ rote Zwiebel
2 Knoblauchzehen
2 gelbe Paprikaschoten
4 EL Olivenöl
2 EL Zitronensaft
Salz • Pfeffer aus der Mühle

FÜR DEN KORIANDERRAHM:
200 g Sauerrahm (saure Sahne)
1 Bund frisches Koriandergrün
Chiliflocken nach Belieben

 ca. 20 Min.

VEGGIE

KARTOFFEL-KÜRBIS-SUPPE MIT KRÄUTERSCHMAND

Wärmt kalte Bäuchlein – und auch Kleinkinder können mitessen.

1 Die Zwiebel schälen und in feine Würfel schneiden. Den Kürbis waschen, halbieren, die Kerne entfernen und das Fruchtfleisch klein schneiden. Die Kartoffeln schälen, waschen und vierteln.

2 Das Olivenöl in einem großen Topf erhitzen und die Zwiebelwürfel darin glasig dünsten. Die Kürbis- und Kartoffelstücke dazugeben und etwa 3 Minuten bei mittlerer Hitze mitbraten. Den Honig dazugeben und unter Rühren weitere 2 Minuten braten.

3 Das Gemüse mit der Brühe ablöschen und alles 20 bis 25 Minuten weich kochen. Sahne dazugeben und die Suppe mit dem Stabmixer fein pürieren. Mit Salz und Pfeffer würzen.

4 Die Kräuter waschen und trocken schütteln, die Blätter abzupfen und fein hacken, Schnittlauch in Röllchen schneiden. Unter den Schmand rühren. Die Kartoffel-Kürbis-Suppe in tiefen Tellern anrichten und mit je einem Klecks Kräuterschmand servieren.

Tipps:

Wer keine selbst gekochte Hühner- oder Gemüsebrühe parat hat, kann sie durch Instantbrühe ersetzen. Oder verwenden Sie eine Mischung aus Geflügelfond und Wasser.

Meine Jungs mögen die Suppe am liebsten mit Einlage: Mal gibt es klein geschnittene Würstchen, mal Lachsstreifen, oder ich röste klein gewürfeltes Toastbrot in etwas Butter zu knusprigen Croûtons.

Außerhalb der Saison ersetze ich den Kürbis einfach durch 2 Petersilienwurzeln und ½ Stange Lauch.

ZUTATEN

FÜR 4 PERSONEN
1 rote Zwiebel
1 Hokkaido-Kürbis (ca. 1 kg)
700 g mehligkochende Kartoffeln
3 EL Olivenöl
1 EL Akazienhonig
2 l Hühner- oder Gemüsebrühe (am besten selbst gemacht; siehe Rezept S. 81)
100 g Sahne
Salz · Pfeffer aus der Mühle
1 Handvoll gemischte Kräuter (z.B. Schnittlauch, Petersilie, Kerbel, Estragon)
200 g Schmand

 ca. 40 Min.

BUNTES RÜHREI

*Das ist fast wie beim Grillen: Wenn's um Rührei geht, wollen plötzlich die Män-
ner an die Pfanne. Mein Mann Krzysztof verwöhnt dann jeden von uns mit einem Wunsch-Rührei.*

1 Die Butter in einer beschichteten Pfanne erhitzen. Die Temperatur
auf niedrigste Stufe stellen – so dauert es zwar etwas länger mit dem
Rührei, dafür bleibt es so richtig schön fluffig und saftig. Das Ei in
die Pfanne schlagen, das Eiweiß etwas anstocken lassen. Die Sahne
dazugeben, alles vorsichtig mischen und in große Stücke teilen.

2 Je nach Wunsch 1 EL der Zutaten zum Auswählen dazugeben und
etwa 2 Minuten mitbraten. Das Rührei mit geröstetem Baguette,
Toast oder Mischbrot servieren.

ZUTATEN

FÜR 1 WUNSCH-RÜHREI
1 TL Butter · 1 Ei
1 Schuss Sahne

ZUM AUSWÄHLEN:
Speck, in Streifen
Champignons, in Scheiben
Schalotte, in feinen Würfeln
Paprika, in kleinen Würfeln
Gouda, frisch gerieben
Lachs, in Streifen
Schnittlauchröllchen

 ca. 10 Min.

STREIFENOMELETTE

1 Die Eier aufschlagen, mit der Milch verquirlen und mit Salz und Pfeffer würzen. Den Bergkäse in Streifen schneiden. Den Schnittlauch
waschen, trocken schütteln und in Röllchen schneiden.

2 Eine große, beschichtete Pfanne erhitzen und den Speck darin
knusprig anbraten, herausnehmen. Die Butter in der Pfanne
bei schwacher Hitze zerlassen. Die Eiermasse in die Pfanne geben.
Sobald das Omelette leicht zu stocken beginnt, Speck, Käse
und Schnittlauch in Streifen auf das Omelette legen, mit Salz und
Pfeffer würzen. Das Omelette vorsichtig wenden und 3 bis
4 Minuten auf der anderen Seite goldgelb braten.

ZUTATEN

FÜR 2 PERSONEN
6 Eier
100 ml Milch
Salz · Pfeffer aus der Mühle
2 dicke Scheiben Bergkäse
½ Bund Schnittlauch
4 Scheiben Frühstücksspeck
1 EL Butter

 ca. 20 Min.

+ TIPP

BEI NIEDRIGER TEMPERA-
TUR GEBRATEN, WERDEN
RÜHREI UND OMELETTE
BESONDERS SAFTIG UND
LECKER.

SCHINKENNUDELN

1 Die Nudeln in Salzwasser nach Packungsanweisung bissfest garen.

2 Inzwischen die Zwiebel schälen und in feine Würfel schneiden. Den Schinken ebenfalls in Würfel schneiden. Die Butter in einer Pfanne erhitzen und die Zwiebelwürfel darin glasig dünsten. Die Schinkenwürfel dazugeben und kräftig anbraten.

3 Die Nudeln abgießen, kurz abtropfen lassen und zum Schinken in die Pfanne geben. Alles gut durchmischen. Mit Salz und Pfeffer würzen.

Tipp:

Frederik, Vincent und ich mögen es gerne, wenn noch ein kleiner Schuss Sahne mit in die Pfanne kommt.

ZUTATEN

FÜR 4 PERSONEN
500 g Lieblingsnudeln
Salz
1 Zwiebel
300 g gekochter Schinken
3 EL Butter
Pfeffer aus der Mühle

 ca. 15 Min.

GANZ EASY

OFENTOMATENSAUCE

1 Den Backofen auf 180 °C vorheizen. Die Tomaten in eine ofenfeste Form geben. Die Zwiebeln schälen und vierteln. Kräuter waschen, trocken schütteln und fein hacken. Zwiebeln und Kräuter unter die Tomaten rühren. Mit Zucker, Salz und Pfeffer würzen.

2 Die Tomatensauce im Ofen auf der mittleren Schiene etwa 30 Minuten schmoren lassen.

Tipp:

Schmeckt auch mit frischen Tomaten sehr lecker. Wer mag, lässt noch 1 bis 2 fein gehackte Knoblauchzehen mitgaren.

ZUTATEN

FÜR 4 PERSONEN
500 g Eiertomaten (aus der Dose)
2 rote Zwiebeln
je 1 Handvoll Majoran, Oregano und Basilikum
1 EL Zucker
Salz · Pfeffer aus der Mühle

 ca. 10 Min.
+ 30 Min. im Ofen

SOMMER-TOMATENSAUCE

Mit aromatischen Sommertomaten – schmeckt frisch und fruchtig.

1 Die Tomaten kreuzweise einritzen, in kochendes Wasser geben. Darin ziehen lassen, bis sich die Haut anfängt zu schälen. Die Tomaten mit dem Schöpflöffel aus dem Wasser fischen und kurz abkühlen lassen. Die Haut mit einem kleinen Messer abziehen. Tomaten würfeln.

2 Die Zwiebel und den Knoblauch schälen und beides in feine Würfel schneiden. Das Olivenöl in einer Pfanne erhitzen, Zwiebel und Knoblauch darin glasig dünsten. Die Tomaten dazugeben und die Sauce etwas einkochen lassen.

3 Die Kräuter waschen, trocken schütteln und fein hacken. Die Sauce mit dem Zucker, den Kräutern, Salz und Pfeffer kräftig würzen.

ZUTATEN

FÜR 4 PERSONEN
8 große Eiertomaten
1 kleine Zwiebel
3 Knoblauchzehen
2 EL Olivenöl
3 EL frische italienische Kräuterblätter (Oregano, Basilikum, Majoran)
1 EL Zucker
Salz · Pfeffer aus der Mühle

 ca. 25 Min.

WINTER-TOMATENSAUCE

Diese Sauce liebte ich schon als Kind. Heute koche ich sie oft im Winter, wenn frische Tomaten kein Aroma haben. Sie passt nicht nur zu Nudeln, sondern schmeckt auch gut zu Gnocchi, Reis oder Couscous.

1 Die Butter in einem Topf zerlassen, das Mehl mit dem Schneebesen unterrühren. Das Tomatenmark kräftig dazurühren und schnell mit der Sahne und der Brühe aufgießen. So lange rühren, bis eine cremige rote Sauce entsteht. Sollte die Sauce zu dick sein, etwas Milch oder mehr Sahne dazugeben.

2 Die Tomatensauce mit dem Zucker, den Kräutern, Salz und Pfeffer würzen und sofort verwenden.

ZUTATEN

FÜR 4 PERSONEN
2 EL Butter
3 EL Mehl
½ Tube Tomatenmark
100 g Sahne
100 ml Gemüsebrühe
1 EL Zucker
1 EL tiefgekühlte oder getrocknete italienische Kräuter
Salz · Pfeffer aus der Mühle

 ca. 10 Min.

+ TIPP

BLITZSCHNELL GEHT DAS
REZEPT MIT 500 G SPÄTZLE
AUS DEM KÜHLREGAL.

KÄSESPÄTZLE

Meine Kinder nennen es Räuberessen. Das gibt es bei uns, wenn's schnell gehen muss mit gekauften, am Wochenende oder in den Ferien aber immer mit selbst gemachten Spätzle.

1 Aus Mehl, Eiern, Milch und 1 TL Salz mit den Knethaken des Hand-rührgeräts einen sehr zähen Teig rühren.

2 Einen großen, weiten Topf mit Salzwasser zum Kochen bringen. Die Temperatur herunterschalten, das Wasser soll nur noch sieden.

3 Der Teig kommt jetzt portionsweise durch den Spätzlehobel oder die Spätzlepresse ins Wasser. Sobald die Spätzle an der Oberfläche schwimmen, mit dem Schaumlöffel herausholen und auf einem Sieb etwas abtropfen lassen.

4 Den Backofen auf 200 °C (am besten nur Oberhitze) vorheizen. Die Hälfte der Spätzle in eine ofenfeste Form schichten. Brühe mit Sahne mischen, mit Salz und Pfeffer würzen. Die Hälfte der Mischung über die Spätzle gießen und die Hälfte des Emmentalers darüberstreuen. Die restlichen Spätzle, die übrige Brühe und den restlichen Käse darauf verteilen. Alles durchmischen und im Ofen auf der mittleren Schiene 10 bis 12 Minuten goldbraun überbacken.

Das passt dazu:

Grüner Salat mit einem Dressing aus 3 EL Rapsöl, 1 EL Apfelessig, 1 TL Senf, 1 TL Honig, Salz und Pfeffer.

Tipp:

Für uns Eltern gibt es immer eine große Portion Zwiebeln zu den Käsespätzle: Dafür 3 große, in Ringe geschnittene Zwiebeln in 3 EL Butter etwa 10 Minuten kross anbraten.

ZUTATEN

FÜR 4–6 PERSONEN
500 g Mehl
5 Eier
½ l Milch
Salz
50 ml Gemüsebrühe (Instant)
50 g Sahne
Pfeffer aus der Mühle
250 g geriebener Emmentaler

 ca. 30 Min.
+ 10–12 Min. im Ofen

GANZ EASY

GNOCCHI MIT PILZCREME

ZUTATEN

FÜR 4 PERSONEN
2 Knoblauchzehen
1 rote Zwiebel
5 Salbeiblätter
1 Chilischote (nach Belieben)
400 g Kräuterseitlinge
3 EL Olivenöl
200 g Sahne
600 g Gnocchi (Fertigprodukt)
Salz · Pfeffer aus der Mühle

 ca. 25 Min.

Auch wenn er es nicht glaubt – ich finde, mein Mann kocht wirklich gut. Dieses einfache Gericht von ihm, z. B., hat mich echt umgehauen!

1 Den Knoblauch und die Zwiebel schälen und in feine Würfel schneiden. Den Salbei waschen, trocken tupfen und in Streifen schneiden. Die Chilischote längs halbieren, entkernen und in feine Streifen schneiden. Die Pilze putzen und vierteln.

2 Das Olivenöl in einer Pfanne erhitzen. Knoblauch und Zwiebel darin glasig dünsten. Chilischote und Pilze dazugeben und etwa 5 Minuten anbraten. Sahne dazugießen und die Sauce etwas einkochen lassen.

3 Die Gnocchi nach Packungsanweisung in Salzwasser garen, abgießen und unter die Pilzsauce rühren. Mit Salz und Pfeffer würzen.

PAPRIKA-GNOCCHI

ZUTATEN

FÜR 4 PERSONEN
2 rote Paprikaschoten
2 gelbe Paprikaschoten
200 g Schmand
Salz · Pfeffer aus der Mühle
600 g Gnocchi (Fertigprodukt)

 ca. 40 Min.

1 Den Backofen auf 200 °C vorheizen. Die Paprika halbieren, entkernen und waschen. Die Paprikahälften mit der Hautseite nach oben auf ein mit Backpapier belegtes Backblech legen. Im Ofen auf der obersten Schiene so lange braten, bis die Haut dunkel wird und Blasen wirft.

2 Paprika in einen Gefrierbeutel stecken und verschließen. Nach 10 Minuten herausnehmen, jetzt lässt sich die Haut ganz leicht mit einem Messer abziehen. Gehäutete Paprika mit dem Schmand pürieren. Mit Salz und Pfeffer würzen.

3 Die Gnocchi nach Packungsanweisung in Salzwasser garen, abgießen und in einer heißen Pfanne mit dem Paprikaschmand mischen.

RISI-BISI

Würden wir 300 Kindergartenkinder fragen, welches Mittagessen wir am besten kochen, sie würden rufen: „RISI-BISI, RISI-BISI, RISI-BISI!"

1 Den Naturreis nach Packungsanweisung in Salzwasser garen.

2 In der Zwischenzeit die Schinkenwürfel in einem Topf etwa 2 Minuten anbraten. Die Sahne dazugeben, unterrühren und die Sauce etwas einkochen lassen.

3 Etwa 5 Minuten vor dem Servieren die tiefgekühlten Erbsen zur Sahne geben. Die Schinken-Erbsen-Sahne unter den Reis mischen. Den Parmesan unterrühren und das Ganze mit Salz und Pfeffer würzen.

ZUTATEN

FÜR 4 PERSONEN
200 g Naturreis
Salz
200 g Schwarzwälder Schinken, in kleinen Würfeln
200 g Sahne
200 g tiefgekühlte Erbsen
100 g geriebener Parmesan
Pfeffer aus der Mühle

 ca. 30 Min.

SCHINKEN-KÄSE-TOAST

Schaffen Sie sich einen Sandwich-Toaster an! Der rettet mich immer, wenn mir so gar nichts zu kochen einfallen will. In einem Viertelstündchen zaubert er einen leckeren, warmen Toast, den vorher jeder nach seinem Geschmack belegt.

1 Den Toaster aufheizen. 4 Scheiben Kastenweißbrot mit je 1 Scheibe Schinken und Käse belegen. Nach Belieben noch Tomaten, Pilze, Zwiebeln, Peperoni oder andere Lieblingszutaten auf die Brote legen.

2 Wer mag, bestreicht die übrigen Brotscheiben mit Ketchup oder Tomatenmark oder klappt sie einfach pur auf die belegten Brote. Die Sandwiches in den Toaster legen, den Deckel zuklappen und warten, bis die Hälften goldbraun und zusammengebacken sind.

ZUTATEN

FÜR 4 PERSONEN
8 Scheiben Kastenweißbrot
4 Scheiben Kochschinken
4 Scheiben Lieblingskäse

NACH BELIEBEN:
Tomaten, in Scheiben
Champignons, in Scheiben
Zwiebeln, in Ringen
Peperoni, in Ringen
Ketchup oder Tomatenmark

 ca. 15 Min.

KNUSPRIGE OFEN-KARTOFFELN MIT DIPS

Drillinge sind unsere absoluten Lieblinge unter den Kartoffeln. Weil man sie nicht schälen muss und sie schnell gar werden, sparen sie wertvolle Zeit.

1 Für die Ofenkartoffeln den Backofen auf 200 °C vorheizen. Die Kartoffeln waschen, trocken tupfen und in Viertel schneiden. Die Kartoffelviertel in einer Schüssel mit Olivenöl und Meersalz mischen.

2 Die Kartoffeln in eine gefettete ofenfeste Form schichten und im Ofen auf der obersten Schiene etwa 30 Minuten knusprig backen. Ab und zu umrühren, damit die Kartoffeln nicht an der Form festbacken.

3 In der Zwischenzeit für den Schinken-Dip den Sauerrahm in ein Schüsselchen füllen. Den Schinken mit dem Blitzhacker klein hacken oder mit einem Messer in sehr feine Würfel schneiden und unter den Sauerrahm rühren. Dip mit Salz und Pfeffer würzen.

4 Für den Joghurt-Feta-Dip den Naturjogurt mit dem Tomatenmark glatt rühren. Den Feta klein schneiden und unterrühren. Mit Paprikapulver, Chili, Salz und Pfeffer würzen.

5 Die Knusper-Kartoffeln aus dem Ofen holen, mit Schinken-Dip, Joghurt-Feta-Dip oder einem Dip von S. 56 oder 57 servieren.

ZUTATEN

FÜR 4 PERSONEN

FÜR DIE OFENKARTOFFELN:
500 g Drillinge oder kleine neue Kartoffeln
6 EL Olivenöl
1 EL grobes Meersalz

FÜR DEN SCHINKEN-DIP:
200 g Sauerrahm (saure Sahne)
150 g Schinken
Salz · Pfeffer aus der Mühle

FÜR DEN JOGHURT-FETA-DIP:
200 g Naturjogurt
3 EL Tomatenmark
100 g Feta (Schafskäse)
1 TL edelsüßes Paprikapulver
Chilipulver (nach Belieben)
Salz · Pfeffer aus der Mühle

AUSSERDEM:
Fett für die Form

 ca. 20 Min.
+ 30 Min. Backzeit

+ TIPP

DIE DIPS SCHMECKEN AUCH
GUT ZU BAKED POTATOES
ODER ZU KROSS GEBRATENEN
KARTOFFELWÜRFELN AUS
DER PFANNE.

KRÄUTER-DIP

1 Den Sahnequark in einer kleinen Schüssel glatt rühren. Die Kräuter waschen und trocken schütteln, die Blätter abzupfen und sehr fein hacken.

2 Die gehackten Kräuter mit dem Honig unter den Quark rühren und den Dip mit Salz und Pfeffer würzen.

Tipp:

Der Kräuter-Dip schmeckt gut zu Pellkartoffeln, Ofenkartoffeln, Baked Potatoes und zu Gemüserohkost, z.B. zu Kohlrabi- oder Möhrensticks.

ZUTATEN

FÜR 4 PERSONEN
200 g Sahnequark
½ Bund gemischte Kräuter
(z.B. Basilikum, Petersilie, Schnittlauch, Dill)
1 TL Akazienhonig
Salz · Pfeffer aus der Mühle

 ca. 10 Min.

PINK ENERGY

1 Die Rote Bete klein schneiden. Die Gemüsestücke mit der Crème fraîche und dem Zitronensaft fein pürieren.

2 Die Zitronenschale unter den Pink-Energy-Dip rühren und Dip mit Salz und Pfeffer würzen.

Tipp:

Dieser Dip passt wunderbar zu kurz gebratenem Lamm oder Rind. Auch zu gebratener Knoblauchwurst oder einem Stück gebratener oder geräucherter Forelle ist die pinke Creme perfekt.

ZUTATEN

FÜR 4 PERSONEN
100 g Rote Bete (vorgegart und vakuumiert)
200 g Crème fraîche
Saft und abgeriebene Schale von 1 Bio-Zitrone
Salz · Pfeffer aus der Mühle

 ca. 10 Min.

alles ganz easy

RED FIRE

1 Das Tomatenmark in eine flache Schüssel geben. Den Feta zerbröseln und mit dem Frischkäse zum Tomatenmark geben. Alles mit einer Gabel fein zerdrücken und mischen.

2 Die Tomaten waschen und vierteln, dabei die Stielansätze entfernen und das Fruchtfleisch fein würfeln. Die Tomatenwürfel unter die Käsemasse rühren. Den Dip mit Honig, Salz und Pfeffer würzen.

Tipp:

Ein Baguette der Länge nach halbieren. Kurz auf dem Grill oder in einer Pfanne rösten und mit der roten Creme bestreichen. Der Dip schmeckt aber auch zu Rohkost lecker.

ZUTATEN

FÜR 4 PERSONEN
1 Tube Tomatenmark (200 g)
100 g Feta (Schafskäse)
100 g Frischkäse
2 Tomaten
1 TL Akazienhonig
Salz · Pfeffer aus der Mühle

 ca. 10 Min.

GREEN POWER

1 Die Eier hart kochen. Inzwischen die Kräuter waschen, trocken schütteln, die Blätter abzupfen und sehr fein hacken. Schnittlauch in Röllchen schneiden. Die gekochten, abgekühlten Eier pellen und ebenfalls sehr fein hacken.

2 Kräuter und Eier mit Naturjoghurt und Sauerrahm in einer Schüssel mischen. Mit Salz und Pfeffer würzig abschmecken.

Tipp:

Dieser Dip schmeckt auch als Sauce: 200 g gekochte Quinoa mit 1 EL Olivenöl, Salz und Pfeffer würzen. 100 g Egerlinge halbieren, kurz in Olivenöl anbraten und mit Salz und Pfeffer würzen. Quinoa in tiefen Tellern anrichten, mit Pilzen und der Kräutercreme servieren.

ZUTATEN

FÜR 4 PERSONEN
3 Eier
je 1 Bund Dill, Basilikum und Schnittlauch
250 g Naturjoghurt
100 g Sauerrahm (saure Sahne)
Salz · Pfeffer aus der Mühle

 ca. 15 Min.

PIZZA-TALER

EIN MITMACH-EVENT FÜR ALLE
(REZEPT SIEHE S. 66 BZW. 107).

+ TIPP

DAS SELBST GEMACHTE KETCHUP
HÄLT IN HEISS AUSGESPÜLTEN
FLASCHEN EINIGE TAGE IM KÜHL-
SCHRANK.

BUNTE GEMÜSEPOMMES MIT KETCHUP

Noch so ein entspanntes Gericht mit dem hübschen Nebeneffekt, dass die Kinder voller Genuss eine Riesenportion Gemüse futtern. Und das selbst gemachte Ketchup dazu ist garantiert auch bei Erwachsenen der Hit.

1 Für die Gemüsepommes den Backofen auf 180 °C vorheizen. Die Roten Beten, die Petersilienwurzeln, die Süßkartoffel und die Möhren putzen und schälen. Alles Gemüse erst der Länge nach in etwa 1,5 cm dicke Scheiben schneiden. Dann die Scheiben in etwa 1 cm breite Streifen schneiden. Die Gemüsesticks in einer Schüssel mit dem Öl gleichmäßig durchmischen und etwas salzen.

2 Die bunten Gemüsepommes auf ein mit Backpapier belegtes Backblech nebeneinanderlegen. Im Ofen auf der obersten Schiene 25 bis 30 Minuten knusprig backen.

3 Inzwischen das Ketchup kochen. Dafür die passierten Tomaten mit dem Tomatenmark in einem Topf aufkochen. Den Honig, die Sojasauce, den Balsamico und den Orangensaft dazugeben und etwa 10 Minuten einköcheln lassen. Ketchup mit Salz und Pfeffer würzen. Soll es Curry-Ketchup werden, etwas Currypulver unterrühren.

4 Die Gemüsepommes aus dem Ofen holen, auf Teller verteilen und mit dem selbst gemachten Ketchup servieren.

Variante:

In der Erdbeersaison müssen Sie unbedingt mal **Erdbeer-Ketchup** probieren - einfach göttlich: 250 g Erdbeeren und 250 g Kirschtomaten mit 5 EL Balsamico bianco und 4 EL Zucker in einem kleinen Topf zum Kochen bringen, etwa 10 Minuten einköcheln lassen. Mit dem Stabmixer pürieren, mit Salz und Pfeffer würzen.

ZUTATEN

FÜR 4 PERSONEN

FÜR DIE GEMÜSEPOMMES:
2 Rote Beten (ca. 300 g)
2 Petersilienwurzeln (ca. 300 g)
1 Süßkartoffel (ca. 400 g)
2 Möhren (ca. 200 g)
6 EL Rapsöl
Salz

FÜR DAS KETCHUP:
400 ml passierte Tomaten
50 g Tomatenmark
1 EL Akazienhonig
1 EL Sojasauce
1 EL Aceto balsamico
100 ml Orangensaft
Salz · Pfeffer aus der Mühle
Currypulver nach Belieben

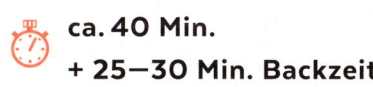 ca. 40 Min.
+ 25–30 Min. Backzeit

VEGGIE

PESTO VERDE

Pasta mit Pesto war für lange Zeit unser Samstags-Mittagessen. Frederik hat das Pesto am liebsten ganz alleine zubereitet, und wir waren dann froh, wenn danach noch genügend für unsere Nudeln übrig blieb.

1 Die Kräuter waschen und trocken schütteln, die Blätter abzupfen. Die Pinienkerne, die Mandeln und Walnüsse in einer Pfanne ohne Fett etwa 5 Minuten goldbraun rösten. Den Knoblauch schälen.

2 Die Kräuter mit Knoblauch, Pinienkernen, Mandeln und Walnüssen, Olivenöl und Parmesan mit dem Stabmixer oder im Blitzhacker fein pürieren, mit Salz und Pfeffer würzen.

Fixe gemacht

PESTO ROSSO

Keine frischen Kräuter zur Hand? Hier die Pesto-Variante aus dem Vorrat.

1 Die abgetropften Tomaten und das Öl in einen hohen Rührbecher geben. Den Knoblauch schälen, vierteln und dazugeben.

2 Die Sonnenblumenkerne in einer Pfanne ohne Fett kurz anrösten. Mit dem Parmesan zu den Tomaten geben und alles fein pürieren. Das Pesto rosso mit Salz und Pfeffer würzen.

KUNTERBUNTE TORTILLA

Das Gemüse für die Tortilla können Sie nach Herzenslust variieren - perfekt für die Resteverwertung!

1 Die Kartoffeln pellen und klein schneiden, den Mais auf einem Sieb abtropfen lassen. Den Lauch putzen, waschen und in feine Ringe schneiden. Die Paprika halbieren, entkernen, waschen und das Fruchtfleisch in kleine Würfel schneiden.

2 Das Olivenöl in einer Pfanne erhitzen. Die Kartoffeln, den Mais, den Lauch und die Paprika darin etwa 5 Minuten anbraten.

3 Die Milch mit den Eiern verquirlen. Den Käse untermischen, mit Paprika, Salz und Pfeffer würzen. Die Eiermilch über die Kartoffeln gießen. Die Tortilla bei schwacher Hitze ganz langsam stocken lassen.

4 Sobald die Eiermasse auch oben nicht mehr ganz flüssig ist, die Tortilla wenden. Das geht am besten, indem man die Tortilla auf einen großen Teller gleiten lässt, dann die Pfanne umgedreht auf den Teller stülpt und die Pfanne mit dem Teller gleichzeitig umdreht. Bitte dabei Topfhandschuhe tragen!

5 Tortilla auf der zweiten Seite noch etwa 5 Minuten goldbraun backen. Auf einen großen Teller stürzen. Tortilla in Kuchenstücke schneiden und mit Kopf- oder Tomatensalat (Rezept siehe S. 143) servieren.

Tipp:

Wer auf Fleisch nicht verzichten möchte, gibt noch klein geschnittene Würstchen mit in die Pfanne. Gut passen z.B. spanische Chorizo-Würste.

ZUTATEN

FÜR 4 PERSONEN
500 g gekochte Kartoffeln (vom Vortag)
1 Dose Mais (285 g Abtropfgewicht)
½ Stange Lauch
1 rote Paprikaschote
2 EL Olivenöl
100 ml Milch
3 Eier
100 g geriebener Bergkäse
1 TL edelsüßes Paprikapulver
Salz · Pfeffer aus der Mühle

 ca. 30 Min.

VEGGIE

HACKBÄLLCHEN MIT TOMATENREIS

Das absolute Lieblingsgericht unserer Familie, aber auch von den Kindern aus der KinderKüche und meinem Bruder Thomas.

1 Den Reis nach Packungsanweisung in Salzwasser garen, dabei nach der Hälfte der Garzeit den Tomatensaft und den Zucker dazugeben.

2 Inzwischen die Zucchini waschen, die Enden abschneiden und die Zucchini in sehr kleine Würfel schneiden. Das Olivenöl in einer Pfanne erhitzen und die Zucchini darin knusprig braten. Dann beiseitestellen.

3 Die Schalotte schälen und in feine Würfel schneiden. Das Brötchen in etwas Wasser etwa 1 Minute einweichen. Dann aus dem Wasser nehmen, ausdrücken und fein zerpflücken. Das Hackfleisch mit Schalotte, Brötchen und Ei gut verkneten und mit den Kräutern, Salz und Pfeffer würzen.

4 Aus dem Fleischteig etwa 20 kleine Bällchen formen. Das Rapsöl in einer beschichteten Pfanne erhitzen. Die Hackbällchen darin bei mittlerer Hitze rundum etwa 2 Minuten braten. Sahne dazugießen, etwas einkochen lassen und mit Salz und Pfeffer würzen.

5 Die Zucchiniwürfel unter den Tomatenreis mischen. Den Reis mit Hackbällchen und Sauce auf Tellern anrichten.

Tipp:

Ganz ohne Fett können Sie die Hackbällchen im Backofen zubereiten: Bällchen auf ein mit Backpapier belegtes Blech legen und auf der mittleren Schiene bei 160 °C (Umluft) 15 bis 20 Minuten backen.

ZUTATEN

FÜR 4 PERSONEN
250 g Reis
Salz
½ l Tomatensaft
1 TL Zucker
2 Zucchini
1 EL Olivenöl
1 Schalotte
1 Brötchen (vom Vortag)
1 Ei
300 g gemischtes Hackfleisch
1 EL tiefgekühlte oder getrocknete italienische Kräuter
Pfeffer aus der Mühle
4 EL Rapsöl
200 g Sahne

 ca. 35 Min.

KINDER-LIEBLING

PIZZA-ECKEN

Hier kommt die ganze Familie auf ihre Kosten, weil jeder den Teig mit seinen Lieblingszutaten belegen kann. Frederik und Vincent lieben Pizza mit Schinken, mein Mann mag's scharf mit Peperoni, und mein Favorit ist Pizza mit Lachs.

1 Den Backofen auf 220 °C vorheizen. Den Pizzateig auf Backpapier auf ein Backblech legen.

2 Die Tomaten waschen, Stielansätze entfernen und das Fruchtfleisch in Scheiben schneiden. Den Schinken in Streifen schneiden. Den Mozzarella abtropfen lassen und in Scheiben schneiden oder in Stücke zupfen. Die Basilikumblätter waschen und trocken schütteln.

3 Den Pizzateig gleichmäßig mit den Tomaten belegen. Die Tomaten leicht mit Salz und Pfeffer würzen. Die Schinkenstreifen, den Mozzarella und die Basilikumblätter auf dem Pizzaboden verteilen.

4 Die Pizza im Ofen auf der mittleren Schiene etwa 15 Minuten backen. Aus dem Ofen nehmen und in Stücke schneiden.

ZUTATEN

FÜR 1 BLECH
1 Packung Pizzateig (aus dem Kühlregal; 400 g)

FÜR DEN SCHINKEN-BELAG:
3 Tomaten
100 g gekochter Schinken
2 Kugeln Mozzarella (à 125 g)
10 Basilikumblätter
Salz · Pfeffer aus der Mühle

ca. 15 Min.
+ 15 Min. Backzeit

Ohne Ei

VARIANTE 1

SCHARFE PIZZA-ECKEN
Den Pizzateig mit 100 g scharfer, in Scheiben geschnittener Salami, 150 g abgetropften Peperoni (aus dem Glas) und 100 g gehobeltem Gouda belegen.

VARIANTE 2

RÄUCHERLACHS-PIZZA-ECKEN
Den Pizzateig mit 1 Becher Crème fraîche bestreichen, mit 200 g Räucherlachs und 1 in Scheiben geschnittenen Bio-Zitrone belegen.

VARIANTE 3

MIT SELBST GEMACHTEM TEIG
Ein Rezept, wie man leckeren Pizzateig ganz einfach selbst macht, finden Sie auf S. 107. Für die Pizza-Taler von S. 58/59 aus dem Teig kleine Kreise formen und nach Wunsch belegen.

KARTOFFELN MIT GRÜNER SAUCE UND STEAK

Ich liebe die Kräutermischung für Frankfurter Grüne Sauce. Wenn ich sie auf dem Wochenmarkt ergattere, gibt es Grüne Sauce klassisch zu Kartoffeln, aber auch mal zu Fisch oder Fleisch, Nudel- oder Reissalat.

1 Die Kartoffeln gründlich waschen und in einem Topf in Salzwasser 20 bis 25 Minuten weich garen.

2 Die Eier hart kochen, in kaltem Wasser abkühlen lassen und pellen. Die Eigelbe und die Eiweiße vorsichtig voneinander trennen. Die Eigelbe mit einer Gabel fein zerdrücken. Die Eiweiße fein hacken. Die Kräuter waschen und trocken schütteln. Die Blätter von den harten Stielen abzupfen, die feinen Stiele dürfen dranbleiben. Die Kräuter fein hacken.

3 Den Essig mit dem Senf, 4 EL Rapsöl, dem Sauerrahm und dem zerdrückten Eigelb verquirlen. Das gehackte Eiweiß und die gehackten Kräuter kurz unterrühren. Die Sauce mit Honig, Salz und Pfeffer würzen. Für die Erwachsenen und Kinder, die es mögen, die gewürfelte Zwiebel untermischen.

4 Das restliche Öl in einer Pfanne erhitzen. Die Minutensteaks darin von jeder Seite – je nach Dicke der Fleischstücke – 1 bis 2 Minuten braten. Mit Salz und Pfeffer würzen.

5 Die Kartoffeln abgießen, nach Belieben pellen oder in der Schale mit den Steaks und der Sauce servieren.

ZUTATEN

FÜR 4 PERSONEN
600 g festkochende, kleine Kartoffeln
Salz
2 Eier
1 Bund Kräuter für Frankfurter Grüne Sauce (ca. 100 g)
2 EL Weißweinessig
1 TL mittelscharfer Senf
6 EL Rapsöl
200 g Sauerrahm (saure Sahne)
Akazienhonig
Pfeffer aus der Mühle
1 kleine Zwiebel, in Würfeln
400 g Minutensteaks vom Rind, Kalb oder Schwein

 ca. 30 Min.

Wenn Sie keine Mischung für Frankfurter Grüne Sauce bekommen, können Sie den Kräutermix selbst zusammenstellen: aus Sauerampfer, Kerbel, Schnittlauch, Petersilie, Pimpernelle, Kresse und Borretsch.

LAUWARMER COUSCOUS-SALAT MIT HACKFLEISCH

Hier darf wieder alles rein, was der Kühlschrank hergibt und was der Familie schmeckt. Bei uns wird oft wild gemischt, aber genau das mögen wir!

1 Den Couscous nach Packungsanweisung zubereiten. In einer Pfanne 2 EL Olivenöl erhitzen. Das Hackfleisch bei starker Hitze darin braun und krümelig braten, dann zum Couscous geben.

2 Die Kidneybohnen in ein Sieb gießen und abbrausen. Die Gurke schälen und in kleine Würfel schneiden. Die Tomaten waschen, halbieren und in Würfel schneiden. Den Feta zerkrümeln. Petersilie waschen und trocken schütteln, die Blätter abzupfen und fein hacken.

3 Bohnen, Gurke, Tomaten und Feta unter den Hackfleisch-Couscous-Mix mischen. Restliches Olivenöl, Zitronensaft und Petersilie unterrühren. Den Couscoussalat mit Salz und Pfeffer würzen.

Tipp:

Was uns genauso gut schmeckt wie Couscous und auch ähnlich zubereitet werden kann, sind Bulgur und Quinoa. Ich mag beide mit viel Gemüse als Salat, die Kinder lieben sie mit viel Butter und sogar mit Tomatensauce. Deshalb koche ich immer etwas mehr davon. Für die Kinder gibt es Couscous, Bulgur oder Quinoa warm mit Sauce, und für uns verfeinere ich den Rest mit viel Gemüse, Zitronensaft und Olivenöl zu einem sehr gesunden Sattmacher-Salat.

ZUTATEN

FÜR 4 PERSONEN
200 g Couscous
8 EL Olivenöl
200 g gemischtes Hackfleisch
1 Dose Kidneybohnen
(255 g Abtropfgewicht)
½ Salatgurke
10 Kirschtomaten
100 g Feta (Schafskäse)
½ Bund Petersilie
Saft von 1 Zitrone
Salz · Pfeffer aus der Mühle

 ca. 20 Min.

Glutenfrei wird dieses Gericht, wenn Sie Quinoa statt Couscous verwenden.

TOMATEN-MOZZARELLA-SPIESSE AUS DER PFANNE

Tomaten-Mozzarella mal nicht als Insalata caprese – damit wir Tomate und Mozzarella nicht nur im Sommer als frischen Salat genießen können, packe ich in der kalten Jahreszeit das Ganze für lauwarmen Genuss in die Pfanne.

1 Die Mozzarellakugeln abtropfen lassen, die Kirschtomaten waschen. Mozzarella und Tomaten abwechselnd auf die Spieße stecken.

2 Das Olivenöl in einer beschichteten Pfanne erhitzen. Die Spieße darin rundum kurz anbraten.

3 Basilikum waschen und trocken schütteln, Blätter abzupfen und kurz mit in die Pfanne geben. Die Spieße mit Salz und Pfeffer würzen. Auf Tellern anrichten und mit Balsamico-Creme beträufeln.

Auch lecker – Pasta caprese:

400 g Spaghetti oder andere Nudeln in reichlich Salzwasser bissfest garen. 4 große Eiertomaten waschen und vierteln, dabei die Stielansätze entfernen. Tomatenviertel in Würfel schneiden. 2 Kugeln Mozzarella klein zupfen. Eine Handvoll Basilikumblätter waschen, trocken schütteln und klein zupfen. Mit 5 EL Olivenöl, Tomaten und Mozzarella mischen, mit Salz und Pfeffer würzen. Über die abgetropften Nudeln geben und alles gut durchmischen. Sofort servieren.

ZUTATEN

FÜR 10 SPIESSE
400 g Mini-Mozzarellakugeln
400 g Kirschtomaten
10 Holzspieße
4 EL Olivenöl
½ Bund Basilikum
Salz · Pfeffer aus der Mühle
2 EL Balsamico-Creme

 ca. 10 Min.

VEGGIE

Wer viel Hunger hat, brät ein kleines Lammkotelett, ein Putenschnitzel oder ein Hähnchenbrustfilet zu den Spießen.

+ TIPP

DER PERFEKTE PARTY- UND
PICKNICKSALAT MIT ZUTATEN,
DIE KNACKIG BLEIBEN

KONFETTISALAT

*Eine prima Sache, die in New York über die Tresen geht. Gibt's hier leider noch
nicht, deshalb hacke ich mir meine Salatzutaten selbst klitzeklein und mische
sie in einer riesigen Schüttelschüssel.*

1 Die Eier hart kochen. Inzwischen vom Eisbergsalat, Chicorée und
Rotkohl jeweils den Strunk wegschneiden. Salate und Kohl erst in
feine Streifen schneiden, dann die Streifen quer in kleine Würfel
schneiden. Salate und Kohl waschen und gut abtropfen lassen.

2 Die Äpfel waschen, vierteln, das Kerngehäuse entfernen und die
Äpfel sehr fein würfeln. Die Zwiebeln schälen und ebenfalls fein würfeln. Die Eier pellen und mit einem Messer klein hacken. Den Käse
grob reiben.

3 Die Nüsse im Blitzhacker oder mit einem Messer fein hacken und
in einer Pfanne ohne Fett kurz anrösten. Den Honig dazugeben und
etwa 2 Minuten karamellisieren. Die Rosinen unterrühren.

4 Alle Zutaten in eine Schüssel geben. Den Sauerrahm oder Joghurt
und den Essig dazugeben. Mit Salz und Pfeffer würzen. Einen Deckel
oder passend großen Teller auf die Schüssel legen und den Salat
mindestens 3 Minuten kräftig durchrütteln, sodass sich alle Zutaten
gut vermischen. Den Salat ein paar Minuten ziehen lassen und dann
drauflöslöffeln!

Tipp:

Schmeckt auch gut mit: Schinkenwürfeln, klein geschnittenem
Hähnchenbrustfilet, klein gehackter Gurke oder Paprika, Champi-
gnonwürfeln, Mais, Kichererbsen und vielen frischen klein gehackten Kräutern.

ZUTATEN

FÜR 4 PERSONEN
4 Eier
½ Eisbergsalat
2 Stauden Chicorée
¼ Rotkohl
3 Äpfel (z.B. Braeburn)
2 rote Zwiebeln
100 g Cheddar-Käse (am Stück)
100 g Haselnusskerne
50 g Pekannusskerne
2 EL Honig
100 g Rosinen
100 g Sauerrahm (saure Sahne)
oder Naturjoghurt
4 EL Apfelessig
Salz · Pfeffer aus der Mühle

 ca. 25 Min.

PFANNKUCHENRÖLLCHEN MIT RÄUCHERLACHS

Die Röllchen mit deftiger Lachscreme schmecken warm und kalt. Sie sind ein leckeres Mittagessen, machen sich gut auf dem Brunchbüfett und lassen sich perfekt zum Picknick mitnehmen.

1 Die Eier in einer Schüssel aufschlagen und mit dem Mehl, der Milch, 1 Prise Salz und 1 EL Rapsöl zu einem glatten Teig verrühren. Den Teig etwa 15 Minuten ruhen lassen.

2 Den Frischkäse in einer kleinen Schüssel glatt rühren. Den Räucherlachs sehr klein schneiden. Die Frühlingszwiebeln putzen und waschen, das Grün entfernen und den hellen Teil in feine Ringe schneiden. Den Dill waschen und trocken schütteln, die Spitzen abzupfen und fein hacken. Den Räucherlachs, die Frühlingszwiebeln und den gehackten Dill zum Frischkäse geben, alles gut verrühren und mit Salz und Pfeffer würzen.

3 Das restliche Rapsöl in einer beschichteten Pfanne erhitzen. Einen kleinen Schöpflöffel Teig in die Pfanne gießen und zu einem dünnen Pfannkuchen ausbacken. Aus dem restlichen Teig 5 weitere Pfannkuchen backen.

4 Die Pfannkuchen mit der Lachscreme bestreichen und fest aufrollen, dann in etwa 2 cm dicke Scheiben schneiden. Als Hauptgericht schmecken die Röllchen mit einem grünen Salat als Beilage.

Tipp:

Belegen Sie den Teig gleich nach dem Einfüllen in die Pfanne, also wenn er noch flüssig ist, mit frischen Kräutern, z.B. mit abgezupften Blättern von Petersilie, Kerbel oder Koriander. Schmeckt besonders lecker und sieht hübsch aus.

ZUTATEN

FÜR 6 PFANNKUCHEN
2 Eier
150 g Mehl
300 ml Milch
Salz
2 EL Rapsöl
150 g Frischkäse
3 Scheiben Räucherlachs
(ca. 120 g)
2–3 Frühlingszwiebeln
½ Bund Dill
Pfeffer aus der Mühle

 ca. 25 Min.

KAISERSCHMARREN MIT APFELKOMPOTT

Locker, leicht und fluffig – ein schnell gemachtes süßes Mittag- oder Abendessen für die ganze Familie. Sparen Sie beim Ausbacken nicht an Butter, die braucht es einfach für den perfekten Geschmack.

1 Für den Kaiserschmarren die Eier trennen. Die Eiweiße mit 1 Prise Salz steif schlagen. Die Eigelbe mit 2 EL Zucker schaumig schlagen, das Mehl einrieseln lassen und mit der Milch zu einem zähflüssigen Teig rühren. Den Eischnee vorsichtig unterheben. Den Teig kurz quellen lassen.

2 Für das Kompott die Äpfel schälen, vierteln und die Kerngehäuse entfernen. Die Apfelviertel in Stücke schneiden. In einem Topf mit etwa 100 ml Wasser etwa 10 Minuten köcheln lassen, mit etwas Honig nach eigenem Geschmack süßen.

3 Für den Schmarren 2 EL Butter in einer großen beschichteten Pfanne bei mittlerer Hitze zerlassen. Den Teig in die Pfanne gießen und 5 bis 6 Minuten fest werden lassen. Mithilfe von zwei Pfannenwendern vorsichtig umdrehen und auf der anderen Seite goldbraun ausbacken.

4 Den Kaiserschmarren mithilfe von zwei Holzlöffeln in Stücke reißen. Die restliche Butter und dem übrigen Zucker dazugeben und die Teigstücke rundum karamellisieren. Den Kaiserschmarren dick mit Puderzucker bestäuben. Das Apfelkompott dazu servieren.

ZUTATEN

FÜR 4 PERSONEN

FÜR DEN KAISER-SCHMARREN:
4 Eier
Salz
4 EL Zucker
300 g Mehl
200 ml Milch
125 g Butter
Puderzucker zum Bestäuben

FÜR DAS KOMPOTT:
1 kg Äpfel
Honig

 ca. 35 Min.

KINDER-LIEBLING

Schmeckt auch mit Birnenmus, Apfel-Aprikosen-Mus oder mit Zwetschgenröster. Und mit gedünsteten Apfel- oder Birnenscheiben.

MILCHREIS MIT ERDBEEREN

Wenn es nach Frederik gehen würde, gäbe es jeden Tag Milchreis zum Mittagessen. Ich mag Milchreis nicht mehr allzu gerne, aber den Resten im Topf kann ich dann doch nicht widerstehen.

1 Die Milch mit 1 Prise Salz zum Kochen bringen, kurz von der Herdplatte nehmen und den Milchreis einrühren. Dann bei schwacher Hitze nach Packungsanweisung weich garen. Zwischendurch immer wieder durchrühren, sonst setzt sich der Reis am Topfboden fest.

2 In der Zwischenzeit die Erdbeeren waschen, die grünen Kelchblätter entfernen und die Früchte mit dem Vanillezucker kurz aufkochen.

3 Die Erdbeeren als Kompott zum Milchreis servieren oder die Früchte mit dem Stabmixer pürieren und als Sauce zum Milchreis genießen.

ZUTATEN

FÜR 4 PERSONEN
1 l Milch
Salz
250 g Milchreis
500 g Erdbeeren
1 Päckchen Vanillezucker

 40–45 Min.

VARIANTE 1

MIT APRIKOSEN
200 g geschlagene Sahne unter den abgekühlten Milchreis rühren. 300 g Aprikosen entsteinen, klein schneiden und unter den Reis rühren. Mit braunem Zucker abschmecken.

VARIANTE 2

MIT MANGO
Gewürfeltes Fruchtfleisch von 1 Mango oder 1 Dose Mangopulp unter den lauwarmen Milchreis rühren.

VARIANTE 3

KOKOSMILCHREIS-SASHIMI
Milchreis statt in Milch in Kokosmilch kochen. Mit einem Löffel Nocken vom abgekühlten Milchreis abstechen, auf Tellern anrichten und mit Bananenscheiben belegen.

ganz easy

Notizen, Liebesbriefe von Papa, fliegende Elefanten,
Einkaufsliste, Küchenmonster, Mamas beste Tipps:

Ta-ta!

KAPITEL 3

FAMILY TIME

Ob klein, ob groß, ob rund, eckig oder oval: Der Esstisch ist meist das Zentrum der Familie. Ich liebe unseren, mittlerweile sehr gebrauchten, mintfarbenen Esstisch. Dort wird gemalt, geschrieben, geknetet und gerührt, gehockt und geredet, viel diskutiert und geplant — und natürlich, zu fast jeder Tages- und Nachtzeit, gemeinsam gegessen und genossen.

YUMMY!

+ POWERBRÜHE

FÜR VOR, WÄHREND UND NACH DEM
SCHNUPFEN ZUR BESTEN IMMUNABWEHR!

HÜHNER-NUDEL-TOPF

1 Das Huhn gründlich unter kaltem Wasser waschen, in einem großen Topf mit 3 bis 4 l kaltem Salzwasser aufsetzen und zum Kochen bringen. Austretendes Eiweiß abschöpfen und die Suppe bei schwacher Hitze etwa 2 Stunden köcheln lassen.

2 Das Suppengemüse putzen, waschen bzw. schälen und mit den Wacholder- und Pfefferkörnern nach etwa 1 Stunde zum Huhn in den Topf geben.

3 Die Suppennudeln nach Packungsanweisung in Salzwasser garen. In ein Sieb abgießen und warm stellen.

4 Das Huhn aus der Suppe nehmen, das Hühnerfleisch vom Knochen lösen und in kleine Stücke teilen. Das Gemüse absieben und klein schneiden. Die Brühe mit Salz abschmecken.

5 Hühnerfleisch, Suppengemüse und Nudeln in tiefe Teller geben. Mit der heißen Brühe aufgießen.

Tipps:

Noch intensiver wird der Geschmack, wenn Sie das Hühnchen nach etwa 1 Stunde Kochzeit in grobe Stücke teilen.

Reste der Hühnerbrühe lassen sich wunderbar einfrieren.

Als Einlage schmeckt auch Reis sehr gut. Oder wie wär's zur Abwechslung mal mit gefüllten Maultaschen?

ZUTATEN

FÜR EINEN GROSSEN TOPF SUPPE
1 kleines Bio-Suppenhuhn (ca. 2 kg)
Salz
2 Bund Suppengemüse
je einige Wacholder- und Pfefferkörner
200 g Suppennudeln

 ca. 30 Min. + 2 Std. Kochzeit

TOMATENSUPPE MIT REIS

Frederik liebt weiße Suppe, Vincent liebt rote Suppe. Wie praktisch, dass man aus weißer Suppe im Handumdrehen rote Suppe zaubern kann.

1 Den Reis nach Packungsanweisung in Salzwasser garen. In der Zwischenzeit die Hühnerbrühe erhitzen.

2 Das Mehl mit 100 ml heißer Brühe glatt rühren. Das Tomatenmark unterrühren und die Masse in die heiße Hühnerbrühe rühren. Dann 200 g Sahne untermischen. Mit Salz abschmecken.

3 Die restliche Sahne steif schlagen. Die Basilikumblätter waschen, trocken tupfen, klein zupfen und unter die Sahne mischen. Die Suppe mit je einem halben Schöpflöffel voll Reis in tiefen Tellern anrichten. Mit je einem Klecks Basilikumsahne servieren.

ZUTATEN

FÜR 4 PERSONEN
150 g Reis
Salz
1 l Hühnerbrühe (Rezept siehe S. 81)
3 EL Mehl
150 g Tomatenmark
300 g Sahne
10 Basilikumblätter

 ca. 10 Min.

ganz easy

DICKE-BOHNEN-SUPPE

Diese Suppe ist eine Zufallsentdeckung. Weil die Kartoffelsuppe nicht für alle gereicht hätte, habe ich sie mit dicken Bohnen aus der Kühltruhe verlängert.

1 Die Bohnen auftauen lassen. Zwiebeln schälen und grob würfeln. Knoblauch schälen und fein würfeln. Olivenöl in einem großen Topf erhitzen. Zwiebeln und Knoblauch darin 5 Minuten dünsten.

2 Möhren putzen, schälen uund würfeln, Lauch putzen, waschen und in Ringe schneiden. Beides in den Topf geben und kurz mitdünsten.

3 Bohnen in den Topf geben und die Brühe dazugießen. Gemüse 20 Minuten weich kochen. Die Sahne dazugeben und die Suppe fein pürieren. Mit Salz und Pfeffer würzen und die Petersilie untermischen.

ZUTATEN

FÜR 4 PERSONEN
600 g tiefgekühlte dicke Bohnen
2 rote Zwiebeln
3 Knoblauchzehen
4 EL Olivenöl · 2 Möhren
¼ Stange Lauch
300 ml Gemüsebrühe
100 g Sahne
Salz · Pfeffer aus der Mühle
4 EL gehackte Petersilie

 ca. 35 Min.

VEGGIE

HUMMUS MIT KNUSPERFLADENBROT

1 Für das Fladenbrot das Mehl in eine Schüssel sieben. Die Hefe in 100 ml lauwarmem Wasser auflösen und mit je 1 Prise Salz und Zucker zum Mehl geben. Das Sesamöl und die Sesamsamen dazugeben und alles mit den Knethaken des Handrührgeräts zu einem geschmeidigen Teig kneten. Die Schüssel mit einem Tuch zudecken und den Teig an einem warmen Ort etwa 20 Minuten gehen lassen.

2 Für den Hummus die Kichererbsen abgießen. Den Knoblauch schälen und durchpressen. Die Kichererbsen mit Knoblauch, Kreuzkümmel, Zitronensaft, Olivenöl und Tahin mit dem Stabmixer zu einer sehr feinen Paste pürieren. Mit Salz und Pfeffer würzen.

3 Aus dem Teig 6 kleine, dünne Fladen formen. Das Rapsöl in einem hohen Topf erhitzen und die Fladen darin nach und nach etwa 10 Minuten knusprig ausbacken. Das Fladenbrot auf Küchenpapier abtropfen lassen und mit dem Hummus servieren.

VEGGIE

ZUTATEN

FÜR 4 PERSONEN

FÜR DAS FLADENBROT:
200 g Mehl
½ Würfel Hefe (21 g)
Salz · Zucker
2 EL Sesamöl
5 EL helle Sesamsamen
1 l Öl zum Ausbacken

FÜR DEN HUMMUS:
425 g Kichererbsen (aus der Dose)
2 Knoblauchzehen
½ TL Kreuzkümmel
Saft von ½ Bio-Zitrone
4—5 EL Olivenöl
2 EL Tahin (Sesampaste)
Pfeffer aus der Mühle

 ca. 40 Min.
+ 20 Min. Gehzeit

Keine Sesampaste bekommen? Kein Problem, denn diese Kichererbsencreme schmeckt auch ohne.

SALAT
AUS OFENGEMÜSE

Mann, ist das lecker! Macht kaum Arbeit, begeistert Familie und Gäste aber durch seine knackigen Zutaten und das cremige Dressing.

1 Den Backofen auf 180 °C vorheizen. Die Frühlingszwiebeln putzen, waschen, das dunkle Grün entfernen. Die Zwiebeln schälen und achteln. Die Möhrchen putzen und schälen. Den Sellerie schälen und in fingerdicke Streifen schneiden. Die Pastinaken putzen, schälen und der Länge nach vierteln. Den Kürbis waschen, entkernen und in 1 cm dünne Spalten schneiden. Oder den Spargel waschen, nur im unteren Drittel schälen und die holzigen Enden abschneiden.

2 Das Gemüse in eine große, ofenfeste Form geben und mit dem Olivenöl gut mischen. Im Ofen auf der oberen Schiene etwa 25 bis 30 Minuten schmoren. Das Gemüse soll noch etwas knackig sein.

3 In der Zwischenzeit den Sauerrahm mit dem Essig und dem Estragon verrühren. Mit Pfeffer würzen. Das Gemüse aus dem Ofen holen und abkühlen lassen. Dann mit dem Dressing mischen und auf einer großen Platte anrichten. Mit grobem Meersalz würzen und nach Belieben mit einigen Estragonstielen dekorieren.

Tipps:

Kreuzkümmel und Kardamom geben dem Dressing eine exotische Note. Einfach 1 TL gemahlenen Kreuzkümmel und ½ TL gemahlenen Kardamom untermischen. Den Estragon dann aber weglassen.

Servieren Sie zum Salat Baguette mit selbst gemischter Estragon- oder anderer Kräuterbutter.

ZUTATEN

FÜR 4 PERSONEN
2 Bund Frühlingszwiebeln
2 große rote Zwiebeln
300 g junge Möhrchen
½ Knollensellerie
200 g Pastinaken
½ Hokkaidokürbis oder
500 g grüner Spargel (je nach Saison)
8 EL Olivenöl
200 g Sauerrahm
2 EL Weißweinessig
4 EL Estragonblätter
Pfeffer aus der Mühle
grobes Meersalz

 ca. 25 Min.
+ 25—30 Min. im Ofen

VEGGIE

BUNTE ROHKOST MIT DIP

Knackiges Gemüse, in feine, dünne Streifen geschnitten, und dazu ein köstlicher Dip. Damit krieg ich sie immer, meine Jungs!

1 Das Gemüse putzen, waschen und in feine Streifen schneiden, den Brokkoli in kleine Röschen teilen und die Zuckerschoten ganz lassen.

2 Den Sauerrahm in eine kleine Schüssel geben und glatt rühren. Birnen waschen, vierteln und die Kerngehäuse entfernen. Die Birnenviertel mit der Gemüsereibe fein reiben und unter den Sauerrahm rühren. Den zerbröselten Roquefort oder den Frischkäse ebenfalls unterrühren. Den Zitronensaft, den Honig und das Olivenöl untermischen. Den Dip mit Salz und Pfeffer würzen.

3 Das Gemüse auf einer großen Platte anrichten. Den Dip in Schälchen aufteilen und dazustellen. Gemüse mit Dip genießen.

Tipps:

Meinen Kindern schmeckt der würzige Roquefort nicht, mein Mann aber liebt ihn. Deshalb halbiere ich den Dip, rühre unter eine Hälfte Roquefort, unter die andere Hälfte Frischkäse. Dann nehme ich aber jeweils nur 100 g.

Der absolute Lieblings-Dip unserer Kinder ist immer noch dieser: 2 EL Tomatenketchup mit 100 g Naturjoghurt verrühren. Mit 1 TL Honig abschmecken und etwas salzen.

ZUTATEN

FÜR 4 PERSONEN
1 kg buntes Gemüse (z.B. Gurke, Möhren, Staudensellerie, Frühlingszwiebeln, Paprikaschoten, Fenchel, Brokkoli, Zuckerschoten)
200 g Sauerrahm (saure Sahne)
2 Birnen
200 g Roquefort oder Frischkäse
1 EL Zitronensaft
2 EL Akazienhonig
2 EL Olivenöl
Salz • Pfeffer aus der Mühle

 ca. 30 Min.

BROTSALAT

Eines unserer liebsten Urlaubsrezepte. Es lässt sich schnell zubereiten, und endlich kommt nicht mehr ganz so frisches Brot doch noch lecker zum Einsatz.

1 Baguette oder Mischbrot klein zupfen oder schneiden. In einer Pfanne 3 EL Olivenöl erhitzen. Das Brot darin etwa 5 Minuten knusprig anbraten. Brot in eine große Salatschüssel geben.

2 Den Mozzarella in Stücke zupfen oder schneiden. Die Kirschtomaten waschen und halbieren. Den Rucola verlesen, waschen, trocken schütteln und grobe Stiele entfernen. Das Basilikum waschen und trocken schütteln, die Blätter abzupfen.

3 Mozzarella, Kirschtomaten, Rucola und Basilikum zum Brot in die Schüssel geben. Alles gut vermischen. Das restliche Olivenöl und den Ahornsirup untermischen. Mit Salz und Pfeffer würzen. Den Salat vor dem Servieren etwas durchziehen lassen.

Tipp:

Wer mag, kann noch gebratenes Hähnchenfleisch untermischen. Auch rohe oder gekochte Schinkenstreifen oder ausgelassener Frühstücksspeck schmecken lecker im Brotsalat.

ZUTATEN

FÜR 4 PERSONEN
500 g Baguette oder Mischbrot (darf 1–2 Tage alt sein)
8 EL Olivenöl
300 g Mozzarella
200 g Kirschtomaten
1 Bund Rucola
1 Bund Basilikum
4 EL Ahornsirup
Salz · Pfeffer aus der Mühle

 ca. 30 Min.

Ein wenig fettärmer wird der Salat, wenn Sie das Brot auf Backpapier im Ofen bei 180 °C ohne Fett rösten.

LAUWARMER KÜRBISSALAT MIT TOMATEN UND DILL

VEGGIE

Den fix gemachten Salat tische ich gern Freundinnen auf, die abends auf ein Glas Wein und einen Plausch vorbeikommen.

1 Den Backofen auf 180°C vorheizen. Den Kürbis waschen, halbieren und die Kerne entfernen. Die Kürbishälften in etwa 2 cm breite Spalten schneiden. Den Knoblauch schälen und in dünne Scheiben schneiden. Kürbis und Knoblauch in einer ofenfesten Form mit 6 EL Olivenöl gut vermischen und im Ofen auf der mittleren Schiene 15 bis 20 Minuten bissfest garen.

2 In der Zwischenzeit die Tomaten waschen, halbieren und leicht salzen. Den Dill waschen und trocken schütteln, die Spitzen abzupfen und grob hacken.

3 Den Senf mit dem restlichen Olivenöl und dem Orangen- und Zitronensaft mit dem Stabmixer verquirlen. Das Dressing mit Salz und Pfeffer kräftig würzen.

4 Den Kürbis aus dem Ofen holen und etwa 10 Minuten abkühlen lassen. Die Tomaten, den Dill und das Dressing unter den Kürbis mischen und etwas durchziehen lassen.

ZUTATEN

FÜR 4 PERSONEN
1 Hokkaidokürbis (ca. 1 ½ kg)
2 Knoblauchzehen
10 EL Olivenöl
250 g Kirschtomaten
Salz
1 Bund Dill
2 EL süßer Senf (am besten Mangosenf)
6 EL Orangensaft
Saft von ½ Zitrone
Pfeffer aus der Mühle

 ca. 20 Min.
+ 15–20 Min. im Ofen

ASIA-GURKENSALAT MIT RÄUCHERFORELLE

Frisch, einfach, lecker. Ich liebe solche Rezepte, die man sogar in der abendlichen Hektik zaubern kann. Das ist echt zaubern, weil der Salat in Minutenschnelle fertig ist.

1 Die Gurken gründlich waschen, der Länge nach halbieren und in etwa 5 mm dicke Scheiben schneiden. Das Öl in einer Pfanne erhitzen. Die Gurken darin bei mittlerer Hitze etwa 5 Minuten braten. Mit der Sojasauce ablöschen und mit Pfeffer würzen.

2 Die geräucherten Forellenfilets in 2 bis 3 cm große Stücke teilen. Den Sauerrahm mit der Wasabipaste glatt rühren. Sesamsamen untermischen, mit Salz und Pfeffer würzen.

3 Die Gurken in tiefen Tellern anrichten. Die Forellenstücke auf den Gurken verteilen und den Sesam-Sauerrahm darüber verteilen.

Fire gemacht

ZUTATEN

FÜR 4 PERSONEN
2 große Bio-Salatgurken
2 EL Sesamöl
5 EL Sojasauce
Pfeffer aus der Mühle
2 geräucherte Forellenfilets (ca. 300 g)
100 g Sauerrahm (saure Sahne)
2 EL Wasabipaste
3 EL schwarze Sesamsamen
Salz

 ca. 15 Min.

Wenn Ihre Kinder nicht so experimentierfreudig sind, servieren Sie ihnen einfach ein Stück Räucherforelle mit einem Klecks Sauerrahm und einem süßsäuerlich angemachten Gurkensalat.

BULGURSALAT AUF GRIECHISCHE ART

Ich mag Salate ohne Grün. Gemüse in kalter Form ist mir oftmals lieber als jedes Blatt. Warum? Weil Reste nicht matschig werden, sondern gut durchgezogen eigentlich nur besser schmecken.

1 Den Bulgur nach Packungsanweisung in Salzwasser bissfest garen und in einer großen Schüssel abkühlen lassen.

2 In der Zwischenzeit die Zwiebel schälen und in feine Ringe schneiden. Den Feta zerkrümeln. Die Tomaten waschen und vierteln, dabei die Stielansätze entfernen. Die Viertel quer in Streifen schneiden. Die Gurke schälen, der Länge nach vierteln und in etwa 1 cm dicke Scheiben schneiden. Die Oliven halbieren. Die Petersilie waschen und trocken schütteln, die Blätter abzupfen und grob hacken.

3 Die vorbereiteten Zutaten zum Bulgur geben. Oregano, Olivenöl und Zitronensaft dazugeben und alles gut vermischen. Bulgursalat mit Salz und Pfeffer würzen und etwas durchziehen lassen.

ZUTATEN

FÜR 4 PERSONEN
250 g Bulgur
Salz
1 rote Zwiebel
100 g Feta (Schafskäse)
2 große Tomaten
½ Salatgurke
50 g schwarze Oliven (ohne Stein)
½ Bund glatte Petersilie
1 TL getrockneter Oregano
6 EL Olivenöl
Saft von 1 Zitrone
Pfeffer aus der Mühle

 ca. 30 Min.

VEGGIE

ENTSPANNUNG PUR

**SOMMER, SONNE UND LECKER ESSEN —
WAS BRAUCHT ES MEHR?**

+ TIPP

WER MAG, ROLLT AUS DER ROHEN
MASSE KLEINE KNÖDEL UND
GART DIESE ETWA 15 MINUTEN IN
SIEDENDEM SALZWASSER.

SEMMELKNÖDELCHEN MIT PILZSAUCE

Ist für mich wie beim Hefeteig: An Semmelknödel traut sich so mancher nicht ran. Dabei sind das eigentlich Selbstläufer. Geht ganz einfach. Ehrlich!

1 Das Knödelbrot mit der Milch übergießen und etwas einweichen lassen. Die Zwiebel schälen und in feine Würfel schneiden. In einer Pfanne 2 EL Öl erhitzen, die Zwiebelwürfel darin glasig dünsten. Die Petersilie waschen und trocken schütteln, die Blätter abzupfen und fein hacken. Die Zwiebel, die Eier und die Hälfte der Petersilie zum Brot geben, alles gut durchkneten, mit Salz und Pfeffer würzen.

2 Einen großen, hohen Topf mit Salzwasser zum Kochen bringen, dann die Temperatur auf mittlere Hitze herunterschalten. Ein großes Stück Alufolie (etwa 30 × 60 cm) mit 1 EL Butter einfetten. Den Knödelteig zu einer großen Rolle formen und in die Mitte der Alufolie legen. Die Teigrolle fest in die Folie wickeln und die Enden wie ein Bonbon zusammenzwirbeln. Die Knödelrolle ins siedende Wasser gleiten lassen und etwa 20 Minuten garen.

3 Inzwischen die Pilze putzen und grob in Stücke schneiden. Das restliche Öl mit der übrigen Butter in einer Pfanne erhitzen. Die Pilze darin etwa 10 Minuten braten. Sahne und Crème fraîche unterrühren, Sauce mit Salz und Pfeffer würzen.

4 Die Knödelrolle aus dem Wasser nehmen, aufwickeln und in etwa 3 cm breite Scheiben schneiden. Die Pilzsauce mit je 3 Scheiben Knödel in tiefen Tellern anrichten. Mit der restlichen Petersilie bestreut servieren.

ZUTATEN

FÜR 4 PERSONEN
300 g Knödelbrot
150 ml lauwarme Milch
1 große Zwiebel
4 EL Rapsöl
1 Bund glatte Petersilie
2 Eier
Salz · Pfeffer aus der Mühle
2 EL zerlassene Butter
400 g gemischte Pilze (z.B. Champignons, Egerlinge, Kräuterseitlinge)
200 g Sahne
100 g Crème fraîche

 ca. 40 Min.

VEGGIE

SELLERIESCHNITZEL MIT KARTOFFEL-MÖHREN-BREI

Das ist ein wirklich leckeres Veggie-Essen! Und prima Resteverwertung, wenn von einer großen Sellerieknolle fürs Suppengemüse etwas übrig blieb.

1 Die Kartoffeln schälen und waschen, die Möhren putzen und schälen. Beides grob in Stücke teilen. Das Gemüse in Salzwasser etwa 30 Minuten weich garen.

2 In der Zwischenzeit den Sellerie schälen und in etwa 5 mm dicke Scheiben schneiden. Das Mehl auf einem flachen Teller verteilen. Die Eier aufschlagen, ebenfalls auf einen flachen Teller geben und verquirlen. Die Nüsse mit den Semmelbröseln auf einem flachen Teller mischen. Die Selleriescheiben zuerst im Mehl, dann in den Eiern und zum Schluss in den Nussbröseln wenden.

3 Das Öl in einer beschichteten Pfanne erhitzen. Die Sellerieschnitzel auf beiden Seiten jeweils etwa 5 Minuten knusprig braten. Mit Salz und Pfeffer würzen.

4 Die Kartoffeln und Möhren abgießen. Die Milch mit der Butter in einem Topf erhitzen. Kartoffeln und Möhren in die heiße Milch geben und mit einem Kartoffelstampfer zu Brei stampfen. Mit Salz abschmecken und zu den Sellerieschnitzeln servieren.

ZUTATEN

FÜR 4 PERSONEN
400 g mehligkochende Kartoffeln
200 g Möhren
Salz
½ Sellerieknolle (ca. 300 g)
4 EL Mehl
2 Eier
100 g gemahlene Haselnüsse oder Walnüsse
100 g Semmelbrösel
5 EL Rapsöl
Pfeffer aus der Mühle
100 ml Milch
2 EL Butter

 ca. 40 Min.

+ VARIANTE

STATT MÖHREN SCHMECKT
AUCH SELLERIE GUT IM
KARTOFFELBREI.

ZUCCHINI-AUBERGINEN-QUICHE

Kann man gut zu einer Party mitbringen, weil eine Quiche immer ankommt.

1 Die Zucchini und die Auberginen putzen, waschen und in etwa 1 cm große Würfel schneiden. Das Olivenöl in einer Pfanne erhitzen und die Gemüsewürfel darin rundum anbraten. Das Gemüse etwas abkühlen lassen.

2 Den Backofen auf 180°C vorheizen. Den Ricotta mit der Sahne und den Eiern verrühren. Das abgekühlte Gemüse untermischen, mit Kräutern, Salz und Pfeffer würzen.

3 Die Quicheform einfetten und mit dem Mürbeteig auslegen, dabei einen etwa 2 cm hohen Rand hochziehen und den Teig andrücken. Die Gemüsemasse gleichmäßig auf dem Mürbeteig verteilen.

4 Die Quiche im Ofen auf der mittleren Schiene etwa 40 Minuten backen. Die Form aus dem Ofen nehmen und die Zucchini-Auberginen-Quiche in Stücke teilen. Schmeckt warm und kalt.

Tipp:

Servieren Sie die Zucchini-Auberginen-Quiche mit frischem Salat, z.B. Tomaten-Rucola-Salat oder gemischtem Blattsalat.

ZUTATEN

**FÜR 1 QUICHEFORM MIT
24 CM DURCHMESSER
3 große Zucchini
2 große Auberginen
4 EL Olivenöl
500 g Ricotta
4 EL Sahne
3 Eier
2 EL getrocknete italienische
Kräuter
Salz • Pfeffer aus der Mühle
Fett für die Form
1 Packung Mürbeteig aus dem
Kühlregal (ca. 260 g)**

 **ca. 45 Min.
+ 40 Min. Backzeit**

+ VARIANTE

DIE QUICHE SCHMECKT
AUCH MIT BLÄTTERTEIG.

SPINAT-PFANNKUCHEN MIT TOMATENSAUCE

Ich suche immer wieder nach Rezepten, in die ich Gemüse reinschummeln kann. Im Pfannkuchenteig ist Platz für Spinat, also rein damit!

1 Den Spinat in einem kleinen Topf erwärmen und auftauen lassen. In ein Sieb schütten, gut ausdrücken und kurz auskühlen lassen.

2 Das Mehl in eine Schüssel sieben. Die Eier trennen. Die Eiweiße steif schlagen. Die Eigelbe mit der Milch zum Mehl geben und mit den Quirlen des Handrührgeräts cremig rühren. Den Spinat zum Teig geben und untermischen. Zum Schluss den Eischnee unterheben. Den Pfannkuchenteig mit Muskat, Salz und Pfeffer würzen.

3 Die Zwiebel schälen und in feine Würfel schneiden. Olivenöl in einem kleinen Topf erhitzen und die Zwiebelwürfel darin etwa 3 Minuten glasig dünsten. Die Tomaten und das Tomatenmark dazugeben. Mit Zucker, Oregano, Salz und Pfeffer würzen.

4 In einer beschichteten Pfanne 1 EL Rapsöl erhitzen. Vom Pfannkuchenteig zwei kleine Kellen in die Pfanne geben, sodass 2 kleine Pfannkuchen entstehen. Auf jeder Seite etwa 2 bis 3 Minuten ausbacken. Den restlichen Teig ebenfalls zu Pfannkuchen ausbacken.

5 Die Spinat-Pfannkuchen mit der Tomatensauce servieren. Wer mag, bestreut die Pfannkuchen noch mit frisch geriebenem Parmesan.

ZUTATEN

FÜR 4 PERSONEN
200 g tiefgekühlter Blattspinat
300 g Dinkelmehl
4 Eier
100 ml Milch
frisch geriebene Muskatnuss
Salz · Pfeffer aus der Mühle
1 kleine Zwiebel
1 EL Olivenöl
200 g stückige Tomaten (aus der Dose)
50 g Tomatenmark
1 TL Zucker
1 EL getrockneter Oregano
Rapsöl zum Ausbacken
geriebener Parmesan (nach Belieben)

 ca. 30 Min.

VEGGIE

SCHWEDISCHER KARTOFFELAUFLAUF

GANZ EASY

Die skandinavische Küche mag ich, auch wenn ich nicht viel von ihr kenne. Aber ein paar Rezepte mache ich immer wieder – wie diesen Auflauf.

1 Den Backofen auf 180 °C (Umluft) vorheizen. Die Kartoffeln schälen, waschen und in Würfel schneiden. Das Lachsfilet waschen, trocken tupfen und ebenfalls in Würfel schneiden. Den Lauch waschen, das dunkle Grün entfernen. Den Lauch erst der Länge nach halbieren, dann in feine Streifen schneiden. Die Kartoffeln, den Lachs und den Lauch in eine ofenfeste Form geben.

2 Die Sahne mit der Milch und den Eiern verquirlen. Mit Salz und Pfeffer würzen, über den Auflauf geben und alles gut vermischen.

3 Den Kartoffelauflauf im Ofen auf der mittleren Schiene etwa 40 Minuten garen. Den Auflauf aus dem Ofen holen, etwas abkühlen lassen und in große Rechtecke schneiden. Die Stücke auf Teller verteilen und nach Belieben mit einem Gurken-Dill-Salat servieren.

ZUTATEN

FÜR 4 PERSONEN
400 g festkochende Kartoffeln
300 g Lachsfilet
½ Stange Lauch
200 g Sahne
100 ml Milch
3 Eier
Salz · Pfeffer aus der Mühle

 ca. 20 Min.
+ 40 Min. Backzeit

Wenn Sie Zeit haben, dann dünsten Sie den Lauch vorher in etwas Öl kurz an — dadurch wird er milder.

+ MEIN LIEBLINGSGERICHT,

MEHR SAG ICH NICHT.

SPAGHETTI BOLOGNESE

1 Die Zwiebel und den Knoblauch schälen, beides in feine Würfel schneiden. Die Möhren putzen und schälen, den Staudensellerie putzen und waschen, beides in kleine Würfel schneiden.

2 Das Olivenöl in einem Topf erhitzen und das Gemüse darin etwa 10 Minuten dünsten. Das Hackfleisch dazugeben und krümelig anbraten. Das Tomatenmark unterrühren und alles weitere 5 Minuten braten.

3 Die stückigen Tomaten dazugeben, Zucker und Kräuter untermischen und mit Salz und Pfeffer würzen. Die Sauce mit geschlossenem Deckel einkochen lassen, je länger, desto besser.

4 Die Spaghetti nach Packungsanweisung in Salzwasser bissfest garen. In ein Sieb abgießen und mit der Sauce in tiefen Tellern anrichten. Mit frisch geriebenem Parmesan bestreuen.

Tipps:

Wenn mal nur wir Erwachsene satt werden müssen, gieße ich noch einen guten Schuss Rotwein in die köchelnde Sauce.

Auch ich muss manchmal mogeln: Als meine Jungs kleiner waren, habe ich die Sauce kurz anpüriert. So waren die Gemüsestücke, vor allem die gefährlichen Tomaten- und Selleriestücke, unsichtbar, und die Sauce wurde gern gegessen.

ZUTATEN

FÜR 4 PERSONEN
1 große Gemüsezwiebel
1 Knoblauchzehe
3 Möhren
2 Stangen Staudensellerie
2 EL Olivenöl
300 g gemischtes Hackfleisch
150 g Tomatenmark
500 g stückige Tomaten (aus der Dose)
1 EL Zucker
5 EL gehackte italienische Kräuter (Oregano, Basilikum und Majoran)
Salz • Pfeffer aus der Mühle
400 g Spaghetti
100 g Parmesan (am Stück)

 ca. 1 Std.

VOLLKORNNUDELN MIT LACHS

Frisch, schnell, lecker – diese Sauce lieben meine Kinder. Und mit ihr bekommen sie auch die empfohlene wöchentliche Fischportion.

1 Die Nudeln nach Packungsanweisung in Salzwasser bissfest garen. In der Zwischenzeit die Schalotten schälen und in feine Würfel schneiden. Das Öl in einer Pfanne erhitzen, die Schalottenwürfel darin glasig dünsten.

2 Den Lachs waschen, trocken tupfen und in Würfel schneiden. Zu den Zwiebelwürfeln in die Pfanne geben und knusprig anbraten. Mit dem Zitronensaft ablöschen. Die Kochsahne dazugeben und die Sauce mit der Zitronenschale sowie Salz und Pfeffer würzen.

3 Die Nudeln in ein Sieb abgießen, etwas abtropfen lassen und zur Sauce in die Pfanne geben. Alles gut mischen und in tiefen Tellern anrichten. Mit einem frischen Salat genießen.

Tipp:

Probieren Sie mal statt Hartweizen-Nudeln Nudeln aus Gurken zur Lachssauce: 3 Salatgurken schälen und mit dem Sparschäler oder noch besser mit dem Spiralschneider in lange Streifen schneiden. Die Gurkennudeln einfach mit etwas Salz und Pfeffer würzen und mit der Lachssauce in tiefen Tellern anrichten. Schmeckt im Sommer erfrischend und spart auch noch dick Kalorien ein.

ZUTATEN

FÜR 4 PERSONEN
350 Vollkorn-Penne oder
andere Vollkornnudeln
Salz
2 Schalotten
2 EL Rapsöl
300 g Lachsfilet
Saft und abgeriebene Schale
von 1 Bio-Zitrone
200 g Kochsahne
Pfeffer aus der Mühle

 **ca. 25 Min.**

Fixe gemacht

SPAGHETTI-PIZZA

Mit Nudeln vom Vortag ein absolutes Resteessen – kann aber auch als besonderes Highlight durchgehen. Belegt wird die Pizza ganz nach den eigenen Vorlieben oder mit allem, was der Kühlschrank hergibt.

1 Für die Spaghetti-Pizza die Spaghetti in einem großen Topf in Salzwasser nach Packungsanweisung sehr bissfest garen. Sie können ruhig noch Biss haben, weil sie später in der Pfanne noch etwas nachgaren. Nudeln in ein Sieb abgießen und etwas abkühlen lassen.

2 Die Eier mit Salz und Pfeffer verquirlen und in einer Schüssel mit den Spaghetti gut vermischen. In einer beschichteten Pfanne 2 EL Olivenöl erhitzen. Die Hälfte der Spaghettimasse in die Pfanne geben und wie ein Omelette flach drücken. Wenn die Spaghetti-Pizza unten schon knusprig ist, mit einem Pfannenwender umdrehen und von der anderen Seite knusprig braten.

3 Die Spaghetti-Pizza in der Pfanne ganz nach Belieben mit Tomaten-, Paprika- oder Pilzscheiben, mit geriebenem Käse, Schinken, Salami und frischen Kräutern belegen. Kurz warm werden lassen. Vorsichtig aus der Pfanne auf einen Teller heben und in Stücke schneiden.

4 Das restliche Olivenöl erhitzen und mit den übrigen Spaghetti die zweite Pizza genauso wie oben beschrieben braten und belegen.

Tipp:

Mir schmeckt die Spaghetti-Pizza am besten mit Rucola belegt und mit frisch geriebenem Parmesan bestreut. Spaghetti-Pizza schmeckt aber auch ganz ohne Belag lecker.

ZUTATEN

FÜR 4 GROSSE PIZZEN

FÜR DIE SPAGHETTI-PIZZA:
500 g Spaghetti
Salz
4 Eier
Pfeffer aus der Mühle
4 EL Olivenöl

FÜR DEN BELAG:
Nach Belieben z.B. Tomaten, Paprika, Pilze, Mozzarella, Parmesan, Schinken, Salami, frische Kräuter

 ca. 30 Min.

ganz easy

PIZZA

ca. 30 Min.
+ 25 Min. Gehzeit
+ 15 Min. Backzeit

FÜR 6 PIZZEN

FÜR DEN TEIG:
450 g Mehl · ½ Würfel Hefe
1 TL Zucker · 1 TL Salz

FÜR DEN BELAG:
200 g passierte Tomaten

1 EL italienische Kräuter
1 TL Zucker · Salz
100 g Champignons, in Scheiben
1 Paprikaschote, in Würfeln
100 g Schinken, in Würfeln
100 g Salami, in Scheiben
300 g geriebener Mozzarella

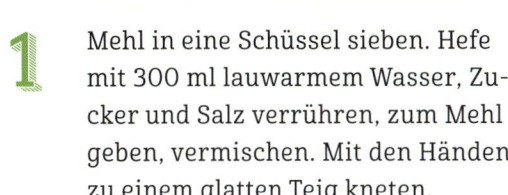

1 Mehl in eine Schüssel sieben. Hefe mit 300 ml lauwarmem Wasser, Zucker und Salz verrühren, zum Mehl geben, vermischen. Mit den Händen zu einem glatten Teig kneten.

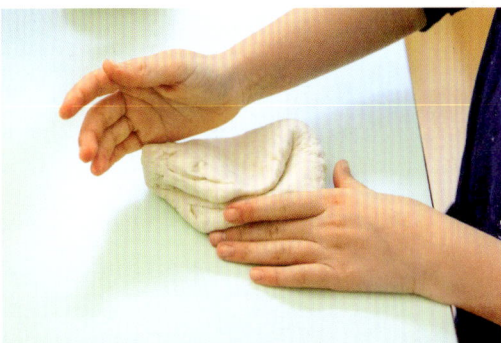

2 Teig zugedeckt an einem warmen Ort 25 Minuten gehen lassen. Nochmals durchkneten, in 6 Stücke teilen. Auf etwas Mehl dünn ausrollen, auf ein Blech mit Backpapier legen.

3 Alle Zutaten für den Belag bereitstellen. Die passierten Tomaten mit Kräutern, Zucker und Salz würzen. Den Teig damit bestreichen.

4 Die Pizzaböden mit Pilzen, Paprikawürfeln, Schinkenstückchen, Salami oder mit anderen Zutaten aus dem Vorrat belegen – jeder so, wie er seine Pizza am liebsten mag.

5 Zuletzt die belegten Pizzen mit geriebenem Mozzarella bestreuen. Wer lieber Mozzarella am Stück mag, der schneidet sich eine frische, abgetropfte Mozzarellakugel in Stücke.

6 Jetzt kommen die belegten Pizzen auf die mittlere Schiene in den auf 200 °C vorgeheizten Backofen und werden 10 bis 15 Minuten goldbraun und knusprig gebacken.

FISCH AM SPIESS

Ich bin kein Fan von purem Lachs. Wenn er aber mit anderen Zutaten auf einer Pizza liegt oder auf einem Spieß steckt, dann schmeckt er mir!

1 Den Backofen auf 180 °C vorheizen. Den Lachs waschen, mit Küchenpapier trocken tupfen und in etwa 3 × 3 cm große Würfel schneiden. Das Baguette ebenfalls in große Würfel schneiden. Die Zucchini putzen, waschen und längs halbieren, die Hälften in etwa 1,5 cm breite Scheiben schneiden.

2 Abwechselnd Lachs-, Baguette- und Zucchiniwürfel auf Schaschlikspieße stecken. Rundherum mit etwas Olivenöl einpinseln und mit Salz und Pfeffer leicht würzen.

3 Die Spieße auf ein mit Backpapier belegtes Backblech legen und im Ofen auf der obersten Schiene etwa 20 Minuten garen.

4 Inzwischen den Sauerrahm mit dem Dill verrühren. Den Dip mit 1 Prise Zucker, etwas Salz und Pfeffer abschmecken. Die Spieße aus dem Ofen holen und mit dem Sauerrahm-Dill-Dip servieren.

ZUTATEN

FÜR 4 PERSONEN
300 g Lachsfilet
200 g Baguette
2 Zucchini (ca. 200 g)
Schaschlikspieße
Olivenöl
Salz · Pfeffer aus der Mühle
200 g Sauerrahm (saure Sahne)
3 EL fein gehackter Dill
Zucker

 ca. 30 Min.

GANZ EASY

+ TIPP

DIE SPIESSE SCHMECKEN
IM SOMMER AUCH GUT
VOM GRILL!

PUTEN-GESCHNETZELTES

Ein paar Klassiker müssen sein. Und dazu gehört Geschnetzeltes mit Reis!

1 Die Schalotten schälen und in feine Würfel schneiden. Das Putenbrustfilet waschen, mit Küchenpapier trocken tupfen und das Fleisch in sehr feine Streifen schneiden. Den Reis nach Packungsanweisung in Salzwasser garen.

2 Das Öl in einer Pfanne erhitzen und die Schalotten darin anbraten. Die Putenbruststreifen in die Pfanne geben und mitbraten. Mit Hühnerbrühe und Sahne ablöschen und die Sauce dick einkochen lassen. Mit Salz und Pfeffer abschmecken.

3 Den Reis auf vorgewärmte Teller geben und mit dem Putengeschnetzelten servieren.

Tipps:

Ich mag den süßen Geschmack, den Erbsen einem Essen verleihen. Einfach eine Handvoll Tiefkühl-Erbsen mit zum Fleisch geben und ein paar Minuten mitkochen lassen.

Schmecken Sie die Sahnesauce mit 3 EL Sojasauce ab. Die gibt dem Ganzen ein würzig-pikantes Aroma.

ZUTATEN

FÜR 4 PERSONEN
2 Schalotten
400 g Putenbrustfilet
300 g Reis
Salz
2 EL Rapsöl
200 ml Hühnerbrühe
200 g Sahne
Pfeffer aus der Mühle

 ca. 40 Min.

HÄHNCHEN-REISNUDEL-PFANNE

Wenn Sie keinen Wok besitzen, kochen Sie dieses Gericht einfach in einer hohen Pfanne. Hauptsache, es ist Platz für die vielen guten Zutaten.

1 Das Hähnchenbrustfilet waschen, mit Küchenpapier trocken tupfen und in feine Streifen schneiden. Die Reisnudeln in einer Schüssel mit lauwarmem Wasser einweichen. Die Nudeln in ein Sieb abgießen und gut abtropfen lassen.

2 Die Zwiebeln und den Knoblauch schälen und beides in feine Würfel schneiden. Den Lauch putzen, waschen und in Ringe schneiden. Die Paprikaschote längs halbieren, entkernen, waschen und in feine Streifen schneiden.

3 Das Öl in einem Wok oder in einer hohen Pfanne erhitzen, die Zwiebeln und den Knoblauch darin andünsten. Das Fleisch dazugeben und knusprig anbraten. Das restliche Gemüse dazugeben und alles unter Rühren bissfest garen.

4 Die Nudeln unterrühren und das Ganze mit Currypaste, Sojasauce, Limettensaft, Salz und Pfeffer kräftig würzen. Auf vier Schälchen verteilen und ein paar abgezupfte Korianderblätter darüberstreuen.

Tipps:

Kinder können die Reisnudeln einfacher essen, wenn man sie in kleine Stücke schneidet.

Dieses Gericht schmeckt auch kalt als Salat gut. Dann noch 2 EL Sesamöl über den Salat träufeln. Und ein paar gehackte, gesalzene Erdnuss- oder Cashewkerne darüberstreuen.

ZUTATEN

FÜR 4 PERSONEN
300 g Hähnchenbrustfilet
200 g Reisnudeln
2 Zwiebeln
2 Knoblauchzehen
1 Stange Lauch
1 rote Paprikaschote
3 EL Rapsöl oder Kokosöl
2 EL rote oder grüne Currypaste (aus dem Asialaden oder gut sortierten Supermarkt)
3 EL Sojasauce
Saft von 2 Limetten
Salz · Pfeffer aus der Mühle
frisches Koriandergrün

 ca. 30 Min.

Lieblingsessen, Dekoideen, To-do-Liste,
Strichmännchen, Pizza malen:

KAPITEL 4

HEUTE WAS BESONDERES

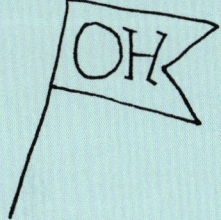

Auch wenn in den meisten Familien wenig Zeit für „Hui" und „Ah" und „Oh" bleibt — hin und wieder muss es etwas Besonderes im ganz normalen Familienalltag sein. Dann heißt es: Gemeinsam kochen, Musik aufdrehen, für Mama und Papa ein Glas Wein einschenken, den Tisch besonders schön decken, und schon wird das Essen zu einem unvergesslichen Hui-ah-und-oh-Erlebnis!

YUMMY!

+ TIPP

MALFATTI MIT SPINAT, DAS LIEBLINGS-
GERICHT AUS UNSEREM KINDERGARTEN!
FUNKTIONIERT ALSO AUCH WUNDERBAR
FÜR MEHR ALS VIER PERSONEN — MACHT
DANN NUR LEIDER MEHR ARBEIT ...

MALFATTI MIT SPINAT

1. Den Blattspinat verlesen und waschen, grobe Stiele entfernen. Spinat tropfnass in einem Topf bei schwacher Hitze zusammenfallen lassen. In ein Sieb gießen und gut ausdrücken.

2. Zwiebel und Knoblauch schälen, in feine Würfel schneiden und in 1 EL Butter in einer Pfanne dünsten. Abgekühlten Spinat in eine Schüssel geben. Zwiebel, Knoblauch, Parmesan, Ricotta und Eigelbe dazugeben. Mit Mehl zu einem dicken, zähen Teig verkneten. Mit Salz, Pfeffer und Muskatnuss würzen.

3. Einen großen Topf mit Salzwasser zum Kochen bringen. Von der Spinatmasse mit zwei Esslöffeln Nocken abstechen, im Salzwasser etwa 5 Minuten köcheln lassen, mit dem Schaumlöffel herausheben. Die restliche Butter in einer Pfanne erhitzen und die Nocken darin schwenken, wer mag, kann sie noch mit Parmesan bestreuen.

ZUTATEN

FÜR 4 PERSONEN
500 g Blattspinat
1 große Zwiebel
1 Knoblauchzehe
100 g Butter
400 g geriebener Parmesan
250 g Ricotta
4 Eigelb
mindestens 100 g Mehl
(bei Bedarf auch mehr)
Salz · Pfeffer aus der Mühle
frisch gemahlene Muskatnuss

 ca. 30 Min.

KRÄUTER-MALFATTI

1. Die Kräuter waschen und gut trocken schütteln, die Blätter abzupfen und fein hacken. Mit Ricotta, Parmesan und Mehl in einer Schüssel verrühren. Der Teig sollte ziemlich fest sein. Mit Salz und Pfeffer würzen.

2. Das Öl mit der Butter in einer Pfanne erhitzen und verrühren. Mithilfe von zwei Teelöffeln kleine Nocken vom Teig abnehmen und in der Pfanne rundum anbraten. Dazu schmeckt ein knackiger Blattsalat.

ZUTATEN

FÜR 4 PERSONEN
2 Handvoll gemischte Kräuter (z.B. Basilikum, Petersilie, Minze)
500 g Ricotta
400 g geriebener Parmesan
100 g Mehl
Salz · Pfeffer aus der Mühle
2 EL Olivenöl · 1 EL Butter

 ca. 15 Min.

LASAGNE

Machen Sie ruhig eine große Portion! Lasagne kann man genau wie Spaghetti bolognese gut zwei Tage hintereinander essen, und sie schmeckt immer noch fantastisch!

1 Die Sauce bolognese, wie auf S. 103 beschrieben, zubereiten. Den Backofen auf 180 °C vorheizen.

2 Für die Béchamelsauce die Butter in einem Topf erhitzen und das Mehl mit einem Schneebesen einrühren. Sobald Mehl und Butter eindicken, die Milch nach und nach dazugießen und so lange rühren, bis eine cremige Sauce entsteht. Die Sauce mit Salz, Pfeffer und Muskatnuss würzen.

3 Den Boden einer ofenfesten Form mit etwas Béchamelsauce einpinseln. Nun abwechselnd Lasagneblätter, Hackfleischsauce und Béchamelsauce schichten, bis alles aufgebraucht ist. Die Hackfleischsauce sollte die letzte Schicht bilden. Die Lasagne dick mit Mozzarella bestreuen und im Ofen auf der mittleren Schiene etwa 25 Minuten goldgelb überbacken.

Variante: mit Lachs und Spinat

Statt Hackfleischsauce 300 g tiefgekühltes Lachsfilet und 300 g tiefgekühlten Blattspinat auftauen lassen, mit Salz und Pfeffer würzen und abwechselnd mit den Lasagneblättern in die Form schichten. Den Mozzarella weglassen und mit Béchamelsauce abschließen. Wie oben beschrieben, im Ofen backen.

ZUTATEN

FÜR 4 PERSONEN
1 Rezept Sauce bolognese (siehe S. 103)
4 EL Butter
4 EL Mehl
½ l Milch
Salz · Pfeffer aus der Mühle
frisch geriebene Muskatnuss
250 g Lasagneblätter (ohne Vorkochen)
150 g geriebener Mozzarella

 ca. 35 Min.
+ ca. 25 Min. im Ofen

GEFÜLLTE KARTÖFFELCHEN

Dieses Rezept machen wir mit Drillingen – das sind die ganz jungen kleinen Kartoffeln mit der feinen Schale, die man prima mitessen kann.

1 Den Backofen auf 180 °C vorheizen. Die Kartoffeln waschen, trocken tupfen und der Länge nach halbieren. Mit einem Teelöffel etwas aushöhlen – etwa 1 bis 1,5 cm tief. Das Olivenöl mit dem Meersalz in einer Schüssel verrühren und die Kartoffeln gründlich darin schwenken. Die Kartoffeln mit der ausgehöhlten Seite nach oben auf ein mit Backpapier belegtes Backblech setzen.

2 Den Frischkäse in eine Schüssel geben. Die Kräuter waschen und trocken schütteln, die Blätter bzw. Spitzen abzupfen und fein hacken, Schnittlauch in Röllchen schneiden. Kräuter unter den Frischkäse rühren. Mit Salz und Pfeffer würzen. Je einen kleinen Klecks Frischkäse in die Kartoffelmulden geben. Die Kartoffeln im Ofen auf der mittleren Schiene 25 bis 30 Minuten backen.

3 In der Zwischenzeit den Räucherlachs und den Schinken in feine Streifen schneiden. Die Tomaten waschen und vierteln, dabei die Stielansätze entfernen. Das Fruchtfleisch fein würfeln. Den Rucola verlesen, waschen, trocken schütteln und grob hacken. Mit den Tomatenwürfeln mischen, mit etwas Salz und Pfeffer würzen.

4 Die Kartoffeln aus dem Ofen holen und zu je einem Drittel mit Räucherlachs, Schinken und Rucola-Tomaten belegen.

ZUTATEN

FÜR 4 PERSONEN
500 g Drillinge
4 EL Olivenöl
1 EL grobes Meersalz
300 g Frischkäse
1 Bund gemischte Kräuter
(Petersilie, Schnittlauch, Dill)
Salz · Pfeffer aus der Mühle
3 Scheiben Räucherlachs
2 Scheiben gekochter Schinken
6 Kirschtomaten
¼ Bund Rucola

 ca. 15 Min.
+ ca. 25 Min. Backzeit

Wer mag, mischt die Reste vom Aushöhlen der Kartoffeln unter die Füllung.

ZITRONENRISOTTO MIT GARNELEN

Ich hatte mal einen Freund, der mir die Geheimnisse des Risottokochens verraten hat. Seitdem liebe ich Risotto in allen Varianten.

1 In einem großen Topf 3 EL Olivenöl erhitzen. Den Risottoreis dazugeben und unter Rühren kurz darin dünsten. Die heiße Brühe nach und nach angießen und den Risotto immer wieder umrühren, am besten den Kochlöffel dabei im Schwung einer Acht rühren.

2 Den Zitronensaft und etwa zwei Drittel der Zitronenschale zum Risottoreis geben und gut unterrühren. Mit Salz und Pfeffer würzen.

3 Das restliche Olivenöl in einer Pfanne erhitzen. Den Knoblauch schälen, in feine Würfel schneiden und dazugeben. Die Garnelen waschen, trocken tupfen und mit dem Knoblauch im Öl auf jeder Seite etwa 5 Minuten braten. Mit der restlichen Zitronenschale, Salz und Pfeffer würzen. Den cremigen Zitronenrisotto auf tiefe Teller verteilen und mit den gebratenen Garnelen servieren.

ZUTATEN

FÜR 4 PERSONEN
6 EL Olivenöl
300 g Risottoreis
(z.B. Arborio)
1 l heiße Gemüsebrühe
50—80 ml Zitronensaft
abgeriebene Schale von
3 Bio-Zitronen
Salz • Pfeffer aus der Mühle
2 Knoblauchzehen
300 g Riesengarnelen,
küchenfertig

 ca. 45 Min.

Für einen perfekten Risotto rühren Sie so viel wie möglich. Und: Gießen Sie immer nur heiße Flüssigkeit zum Risotto, damit sich die Reiskörner weiter öffnen und die Flüssigkeit aufsaugen.

+ FÜR MAMA UND PAPA

ERSETZEN SIE DIE HÄLFTE DER GEMÜSEBRÜHE DURCH EINEN LEICHTEN WEISSWEIN.

+ TIPP

WER KEINEN SPIRALSCHNEIDER
HAT, HOBELT DIE ZUCCHINI
EINFACH MIT EINEM SPARSCHÄLER
IN LANGE, FEINE STREIFEN.

ZUCCHININUDELN MIT TOMATENSAUCE

Jetzt wird's tricky. Ich liebe Küchengeräte, und eine meiner neuesten und liebsten Errungenschaften ist ein Spiralschneider, mit dem man allerlei Gemüse in Spiralen schneiden kann. Sieht aus wie Spaghetti, ist aber pures Gemüse. Einfach unglaublich leicht und lecker.

1 Die Zucchini waschen und die Enden abschneiden. Die Zucchini mit dem Spiralschneider in Spaghettispiralen schneiden.

2 In einem hohen Topf 2 EL Olivenöl erhitzen. Die Zucchini darin etwa 20 Minuten braten, dabei immer wieder umrühren.

3 Während die Zucchini braten, die Zwiebel und den Knoblauch schälen und in feine Würfel schneiden. Das restliche Olivenöl in einer hohen Pfanne erhitzen und die Zwiebel darin anbraten. Den Knoblauch dazugeben und kurz mitbraten. Die Tomaten unterrühren und alles gut einkochen lassen.

4 Die Sardellenfilets klein schneiden und mit den Kräutern zur Tomatensauce geben. Die Sauce mit Zucker, Salz und Pfeffer würzen.

5 Die Tomatensauce zu den gebratenen Zucchininudeln geben, alles gut vermischen. Die Gemüsenudeln auf Tellern anrichten und mit Parmesan bestreut servieren.

ZUTATEN

FÜR 4 PERSONEN
6 mittelgroße Zucchini
4 EL Olivenöl
1 rote Zwiebel
2 Knoblauchzehen
2 Dosen geschälte Tomaten
(à 240 g Abtropfgewicht)
2 Sardellenfilets
2 EL frische oder getrocknete
italienische Kräuter
1 TL Zucker
Salz · Pfeffer aus der Mühle
100 g geriebener Parmesan

 ca. 30 Min.

GANZ EASY

RICOTTA-GNOCCHI

+ TIPP

DIE GNOCCHI SCHMECKEN AUCH GUT MIT TOMATENSAUCE (S. 49) ODER BOLOGNESE-SAUCE (S. 103).

ZUTATEN

 ca. 25 Min.

FÜR 4 PERSONEN
500 g Parmesan (am Stück)
500 g Ricotta
2 Eier
200 g Mehl

50 g Hartweizengrieß
Salz · Pfeffer aus der Mühle
ca. 100 g Hartweizengrieß zum
Wälzen · 4 EL Butter
Mehl zum Formen

1 Alle Zutaten bereitstellen. Den Parmesan reiben. Den Ricotta und 100 g Parmesan in eine große Schüssel geben und mit einem Kochlöffel gründlich verrühren.

2 Die beiden Eier aufschlagen, zur Parmesan-Ricotta-Masse in die Rührschüssel geben und mit dem Kochlöffel gut untermischen.

3 Das Mehl in die Rührschüssel sieben und kurz untermischen. Den Grieß dazugeben und alles zu einem glatten Teig verrühren. Mit Salz und Pfeffer würzen.

4 Einen Topf mit Salzwasser zum Kochen bringen, dann auf schwache Hitze herunterschalten. Den Grieß zum Wälzen auf eine Platte rieseln lassen.

5 Von dem Teig mit den Fingern jeweils etwa walnussgroße Stücke abnehmen. Die Teigstücke zwischen leicht bemehlten Handflächen zu kleinen Kugeln rollen.

6 Gnocchi in Grieß wälzen und ins heiße Wasser geben. Sobald sie hochkommen, mit dem Schaumlöffel herausholen. Mit zerlassener Butter und restlichem Parmesan servieren.

TÜRKISCHE PASTA

Hier wird geschnippelt und gerührt und mit vielen Töpfen hantiert. Darf aber auch mal sein bei all den einfachen Rezepten in diesem Buch.

1 Zwiebeln und Knoblauch schälen. Die Zwiebeln in Spalten, den Knoblauch in Scheiben schneiden. Die Aubergine waschen und die Enden entfernen. Die Aubergine in feine Würfel schneiden und leicht salzen. Die Paprika und die Chilischoten längs halbieren, entkernen, waschen und in Streifen schneiden.

2 Das Olivenöl in einer hohen Pfanne erhitzen. Das geschnittene Gemüse darin etwa 10 Minuten anbraten, wieder aus der Pfanne nehmen und beiseitestellen. Das Tomatenmark in der Pfanne scharf anbraten, das Gemüse erneut dazugeben und alles gut mischen. Passierte Tomaten dazugießen und die Sauce sämig einköcheln lassen. Mit Salz und Pfeffer würzen.

3 Einen großen Topf mit Salzwasser zum Kochen bringen. Die Nudeln darin nach Packungsanweisung bissfest garen. Kurz vor Ende der Garzeit in einer Pfanne 4 Spiegeleier braten. Die Eier mit Salz und Pfeffer würzen. Die Petersilie waschen und trocken schütteln, die Blätter abzupfen und grob hacken. Den Feta zerkrümeln.

4 Die Nudeln abgießen, auf vorgewärmte Teller verteilen und die Tomatensauce darauf anrichten. Je 1 Spiegelei auf die Nudeln setzen und mit viel Petersilie und zerkrümeltem Feta bestreuen.

ZUTATEN

FÜR 4 PERSONEN
3 große Zwiebeln
4 Knoblauchzehen
1 große Aubergine
Salz
200 g grüne Spitzpaprika
2 rote Chilischoten
4 EL Olivenöl
200 g Tomatenmark
250 ml passierte Tomaten
(aus der Dose)
Pfeffer aus der Mühle
350 g Spaghetti
4 Eier
1 Bund glatte Petersilie
200 g Feta (Schafskäse)

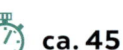 ca. 45 Min.

VEGGIE

STEINPILZ-RAVIOLI

Ich mag Gerichte, die meine Kinder gerne essen, obwohl sie eigentlich bestimm-te Zutaten darin nicht mögen. Wie z.B. ihre Lieblingsravioli, bei denen sie gar nicht merken, dass die Füllung aus „Igitt-Pilzen" besteht.

1 Mehl und Grieß mischen. Mit den Eiern, dem Olivenöl und 2 Prisen Salz zu einem sehr glatten Teig kneten. Das darf gerne 15 Minuten dauern.

2 Die Pilze in Wasser kurz einweichen, ausdrücken und sehr fein hacken. Mit Ricotta und 50 g Parmesan mischen. Die Petersilie wa-schen, trocken schütteln, die Blätter abzupfen, klein zupfen und unter die Füllung rühren. Mit Salz und Pfeffer würzen.

3 Den Nudelteig mit der Nudelmaschine oder mit dem Nudelholz auf der bemehlten Arbeitsfläche etwa 2 mm dünn ausrollen. Mit einer runden Ausstechform (Durchmesser 6 bis 7 cm) so viele Kreise wie möglich ausstechen.

4 Auf die Hälfte der Kreise mit einem Teelöffel kleine Kleckse Pilzfül-lung in die Mitte setzen. Die übrigen Kreise jeweils auf die Füllung setzen und die Ränder mit den Fingern oder mithilfe einer Gabel fest andrücken. Die fertigen Ravioli auf die mit etwas Mehl bestäubte Ar-beitsfläche legen – nebeneinander, nicht übereinander, sonst verkle-ben sie sehr schnell. Die Nudeln 20 Minuten antrocknen lassen.

5 Einen großen Topf mit Salzwasser zum Kochen bringen. Die Ravioli darin 5 bis 6 Minuten bissfest garen. Die Butter in einer beschichte-ten Pfanne erhitzen. Die Ravioli abgießen und in der flüssigen Butter schwenken, eventuell etwas salzen. Auf vorgewärmten Tellern an-richten und mit dem restlichen Parmesan bestreut servieren.

ZUTATEN

FÜR 4 PERSONEN
250 g Mehl
50 g Hartweizengrieß
3 Eier
1 EL Olivenöl
Salz
50 g getrocknete Steinpilze
100 g Ricotta
100 g geriebener Parmesan
½ Bund glatte Petersilie
Mehl zum Verarbeiten
Salz · Pfeffer aus der Mühle
4 EL Butter

 ca. 1 Std.

SCHINKEN-TORTELLINI

1 Mehl und Grieß mischen. Mit den Eiern, dem Olivenöl und 2 Prisen Salz zu einem sehr glatten Teig kneten. Das darf gerne 15 Minuten dauern.

2 Den Schinken sehr fein hacken. Mit dem Frischkäse und dem Parmesan mischen. Mit Salz und Pfeffer würzen.

3 Den Nudelteig mit der Nudelmaschine oder dem Nudelholz auf der bemehlten Arbeitsfläche etwa 2 mm dünn ausrollen. Mit einer runden Ausstechform (Durchmesser 6 bis 7 cm) so viele Kreise wie möglich aus dem Teig ausstechen.

4 Mit einem Teelöffel kleine Kleckse Füllung auf die untere Hälfte der Teigkreise setzen. Die obere Hälfte darüberklappen, sodass Halbkreise entstehen. Die Ränder fest andrücken. Wer mag, zieht die Enden mit den Fingerspitzen nach vorne und formt den Teig dadurch zu typischen Tortellini. Die Nudeln auf die mit Mehl bestäubte Arbeitsfläche legen – nebeneinander, nicht übereinander, sonst verkleben sie sehr schnell. Etwa 20 Minuten antrocknen lassen.

5 Einen großen Topf mit Salzwasser zum Kochen bringen. Die Tortellini darin 5 bis 6 Minuten bissfest garen. Die Sahne in einem Topf erhitzen, mit Salz und Pfeffer würzen. Die Tortellini auf tiefen Tellern anrichten und mit Sahnesauce servieren.

ZUTATEN

FÜR 4 PERSONEN
250 g Mehl
50 g Hartweizengrieß
3 Eier
1 EL Olivenöl
Salz
100 g gekochter Schinken
200 g Frischkäse
50 g geriebener Parmesan
Pfeffer aus der Mühle
Mehl zum Verarbeiten
200 g Sahne

 **ca. 1 Std.**

Gute Ideen, nicht vergessen, gefunden im Web,
Vorfreude auf, nächstes Reiseziel:

FISCHFILET MIT KRÄUTERKRUSTE

Mehr Fisch auf den Tisch, so lautet die Devise meines Mannes Krzysztof, der für sein Leben gern Fischrezepte testet! Und für knusprigen Fisch ohne Gräten kann er auch unsere Jungs immer begeistern.

1 Den Backofen auf 180 °C vorheizen. Den Fisch waschen und mit Küchenpapier trocken tupfen. Fischfilets in 4 Stücke schneiden, leicht mit Salz und Pfeffer würzen.

2 Das Eiweiß leicht dicklich anschlagen. Dill, Petersilie und Kerbel waschen und trocken schütteln, die Blätter bzw. Spitzen abzupfen und sehr fein hacken. Die Kräuter mit den Semmelbröseln unter das Eiweiß mischen.

3 Ein mit Backpapier belegtes Backblech mit Öl einpinseln. Den Fisch auf das Backblech legen und die Kräutermischung gleichmäßig auf dem Fisch verteilen. Mit Salz und Pfeffer würzen.

4 Den Fisch im Ofen auf der mittleren Schiene je nach Dicke 15 bis 20 Minuten überbacken, bis die Kruste schön knusprig ist.

Tipp:

Wer mag, serviert im Ofen gebackene Kartoffelscheiben dazu – so zubereitet wie beim Piratenessen auf S. 171.

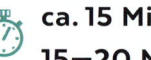

ZUTATEN

FÜR 4 PERSONEN
400 g festes Fischfilet
(z.B. Kabeljau, Rotbarsch oder
Zander)
Salz · Pfeffer aus der Mühle
1 Eiweiß
je ½ Bund Dill, Petersilie und
Kerbel
6 EL Semmelbrösel
Öl für das Backblech

🕐 ca. 15 Min.
15–20 Min. im Ofen

GANZ EASY

KUNTERBUNTE HÄHNCHENSCHENKEL

Mögen die Kinder, mag mein Mann, mag ich!

1 Aus Joghurt, Honig, Paprikapulver sowie Salz und Pfeffer eine Marinade rühren. Die Hähnchenschenkel unter kaltem Wasser waschen, mit Küchenpapier trocken tupfen, mit der Marinade einreiben und beiseitestellen.

2 Den Backofen auf 200 °C vorheizen. Die Kartoffeln waschen und mit Schale in Stifte schneiden. Die Paprika längs halbieren, entkernen, waschen und das Fruchtfleisch in Streifen schneiden. Den Fenchel waschen, den Strunk entfernen und den Fenchel klein schneiden.

3 Kartoffeln, Paprika und Fenchel mit den marinierten Hähnchenschenkeln in eine ofenfeste Form geben. Das Gemüse mit etwas Öl beträufeln und mit Salz und Pfeffer würzen.

4 Hähnchen und Gemüse im Ofen auf der mittleren Schiene etwa 45 Minuten braten. Ab und zu die Hähnchenschenkel mit etwas Bratflüssigkeit übergießen, damit sie schön saftig bleiben. Die Kirschtomaten in den letzten 10 Minuten noch zum Gemüse geben.

Tipp:

Lecker dazu schmeckt ein frischer **Gurken-Dip**: Dafür ½ Gurke schälen und klein raspeln, in einer Schüssel mit 1 Becher Naturjoghurt mischen und mit Salz und Pfeffer würzen.

ZUTATEN

FÜR 4 PERSONEN
200 g Naturjoghurt
1 EL Akazienhonig
1 TL Paprikapulver
Salz · Pfeffer aus der Mühle
6 Hähnchenschenkel (à ca. 150 g)
8 kleine Kartoffeln
1 gelbe Paprikaschote
1 Fenchelknolle
Rapsöl zum Beträufeln
20 Kirschtomaten

 ca. 15 Min.
ca. 45 Min. im Ofen

+ TIPP

300 G GEKOCHTEN JASMINREIS
MIT KOKOSRASPELN MISCHEN
UND DAZU SERVIEREN.

RINDFLEISCH-CURRY

mmh!

Es gibt so tolle Currypasten im Handel! Wenn Sie auch so gerne asiatisch kochen wie wir, sollten Sie die immer im Kühlschrank haben. Mit diesen aromatischen Pasten ist aus einfachem Gemüse schnell etwas Exotisches gezaubert.

1 Die Zwiebel schälen und in feine Scheiben schneiden. Die Möhren putzen, schälen und in lange, dünne Streifen schneiden. Die Zuckerschoten waschen, die Enden abschneiden. Den Mais abtropfen lassen. Das Rindfleisch in dünne Scheiben schneiden.

2 Das Kokosöl in einem Topf erhitzen und die Zwiebel darin anbraten. Das Fleisch dazugeben und rundum scharf anbraten.

3 Die Möhren, die Zuckerschoten und den Mais dazugeben und alles etwa 10 Minuten braten. Die Currypaste dazugeben, gut unterrühren und weitere 5 Minuten braten. Die Kokosmilch dazugießen und alles etwas einkochen lassen.

4 Das Rindfleischcurry mit Fischsauce und Limettensaft abschmecken, in tiefen Tellern anrichten und mit Koriandergrün bestreuen.

Das schmeckt dazu:

Wenn Ihre Kinder Scharfes nicht mögen, rühren Sie die Currypaste erst unter die Sauce, wenn die Kinderportionen schon verteilt sind.

ZUTATEN

FÜR 4 PERSONEN
1 Zwiebel
2 Möhren
200 g Zuckerschoten
1 Glas Mini-Mais (ca. 100 g Abtropfgewicht)
300 g Rinderschulter
3 EL Kokosöl
3 EL rote, gelbe oder grüne Currypaste (je nachdem, wie scharf Sie es mögen; aus dem Asialaden oder gut sortierten Supermarkt)
½ l Kokosmilch
Fischsauce
Saft von 2 Limetten
Korianderblätter zum Bestreuen

 ca. 40 Min.

MINI-SCHWEINEBRATEN MIT MINI-KNÖDELN

Hier sollten Sie beim Metzger Ihres Vertrauens nur das beste Stück Fleisch besorgen. Zu groß wäre die Enttäuschung, wenn der Braten nach dem langen Warten nicht perfekt aus dem Ofen kommt.

1 Möhre, Sellerie und Lauch putzen, waschen und grob in Stücke teilen. Die Schweineschulter im Butterschmalz rundum anbraten. Das Gemüse dazugeben und kurz mit anbraten.

2 Den Backofen auf 160 °C vorheizen. Das Fleisch mit der Schwarte nach oben in den Bräter legen. Gemüse und Gewürze dazugeben und das Bier angießen. Mit Salz und Pfeffer würzen. Das Fleisch im Ofen auf der mittleren Schiene 50 bis 60 Minuten braten.

3 Inzwischen die Kartoffeln schälen, waschen und in Salzwasser weich garen. Abgießen, gut abkühlen lassen, dann durch die Kartoffelpresse drücken. Mit Ei und dem Mehl zu einem glatten Teig rühren, der gut zusammenhält, mit Salz würzen.

4 Einen großen Topf mit Salzwasser zum Kochen bringen. Die Hitze etwas reduzieren. Aus dem Teig mit angefeuchteten Händen etwa 16 Mini-Knödel formen, ins siedende Wasser gleiten lassen. Etwa 15 Minuten köcheln lassen, bis sie an der Oberfläche schwimmen. Mit dem Schaumlöffel aus dem Wasser heben.

5 Den Braten aus dem Ofen nehmen. Das Gemüse aus der Sauce fischen, die Sauce kurz in einem kleinen Topf einkochen lassen. Mit der kalten Butter abbinden. Den Schweinebraten mit den Knödeln und der Sauce servieren.

Das passt dazu:

Rotkohl mit Pflaumen: Einfach ein Glas Rotkohl mit 6 Pflaumen (ebenfalls aus dem Glas) während der gesamten Bratzeit einkochen lassen. Zum Schweinebraten servieren.

ZUTATEN

FÜR 4 PERSONEN
1 Möhre
1 Stange Staudensellerie
½ Stange Lauch
500 g Schweineschulter mit Schwarte
2 EL Butterschmalz
½ TL Pimentkörner
1 Gewürznelke
1 TL getrockneter Majoran
1 TL ganzer Kümmel (nach Belieben)
½ l Malzbier (wenn Kinder mitessen, sonst dunkles Bier)
Salz · Pfeffer aus der Mühle
500 g mehligkochende Kartoffeln
1 Ei
ca. 100 g Mehl (nach Bedarf auch mehr)
1 EL eiskalte Butter

 ca. 1 ½ Std.

+ TIPP

DER BRATEN SCHMECKT
AUCH MIT DEN SEMMEL-
KNÖDELSCHEIBEN VON
S. 95 LECKER.

KAPITEL 5

HEUTE KOCHT PAPA

Ab an den Herd, ihr Männer! Auch wenn's vielleicht, wie bei meinem Mann Krzysztof, ein wenig länger dauert, weil alles fein säuberlich und akkurat vorgeschnippelt wird. Solange das Resultat ein köstliches Mittag- oder Abendessen ist, können wir alle gern mal ein bisschen länger auf den Stühlen kippeln.

YUMMY!

CARPACCIO VOM RIND

Na klar geht dieses Kapitel mit Fleisch los. Aber keine Angst, auch Gemüse kommt später nicht zu kurz! Gestartet wird jedoch mit köstlichem Carpaccio, das für die Kinder gebraten auf den Tisch kommt.

1 Einige Scheiben Rinderfilet für die Kinderportion beiseitestellen. Den Rest der Fleischscheiben auf zwei großen Tellern fächerförmig anrichten. Die Zitrone aufschneiden und das Carpaccio gleichmäßig damit beträufeln. Dann das Fleisch mit Olivenöl beträufeln – für jeden so viel, wie er mag. Das Fleisch mit etwas Salz und ordentlich Pfeffer würzen und den Parmesan über das Carpaccio streuen.

Für die Kinderportion etwas Öl in einer Pfanne erhitzen und die beiseitegelegten Fleischscheiben auf jeder Seite etwa 30 Sekunden anbraten. Mit etwas Salz und Zitronensaft würzen und nach Belieben Parmesan darüberstreuen.

Tipp:

Wenn Sie frisches italienisches Weißbrot oder Baguette dazu servieren, ist ein sommerliches, schnelles Essen in Nullkommanix fertig.

ZUTATEN

FÜR 4 PERSONEN
250 g Rinderfilet, vom Metzger nicht zu dünn in Scheiben geschnitten
1 Zitrone
Olivenöl zum Beträufeln
Salz · Pfeffer aus der Mühle
ca. 50 g grob geriebener oder gehobelter Parmesan
Öl zum Braten

 ca. 10 Min.

GANZ FIX

WEISSE-BOHNEN-SALAT

Da ist es schon, das schnellste Veggie-Rezept meines Mannes!

1 Die Bohnen in ein Sieb abgießen, kurz unter kaltem Wasser abbrausen und abtropfen lassen. Den Knoblauch schälen und in feine Würfel schneiden.

2 Das Olivenöl in einer Pfanne erhitzen, Knoblauch darin kurz andünsten, dann die Bohnen dazugeben und leicht schwenken. Mit 1 Prise Zucker, Salz und ordentlich Pfeffer würzen. Wer mag, kann etwas geriebene Zitronenschale über die Bohnen geben. Schmeckt zu gebratenem oder gegrilltem Fleisch und Fisch.

ZUTATEN

BEILAGE FÜR 4 PERSONEN
2 Dosen weiße Bohnen (à 250 g Abtropfgewicht)
3 Knoblauchzehen
6 EL Olivenöl
Zucker
Salz • Pfeffer aus der Mühle
abgeriebene Schale von
1 Bio-Zitrone (nach Belieben)

 ca. 10 Min.

MÖHREN-APFEL-SALAT

1 Die Möhren putzen und schälen. Die Äpfel waschen, vierteln und die Kerngehäuse entfernen. Möhren und Äpfel raspeln und in eine Schüssel geben.

2 Den Joghurt mit Zitronensaft und Öl verrühren. Den Schnittlauch waschen und trocken schütteln, mit der Schere in kleine Röllchen schneiden und unter das Dressing rühren. Mit Salz und etwas Pfeffer würzen. Das Joghurtdressing mit dem Möhren-Apfel-Salat mischen und gut durchziehen lassen.

ZUTATEN

BEILAGE FÜR 4 PERSONEN
6 große Möhren
2 süße Äpfel
150 g Naturjoghurt
Saft von ½ Zitrone
2 EL Rapsöl
½ Bund Schnittlauch
Salz • Pfeffer aus der Mühle

 ca. 10 Min.

GURKENSALAT

1 Die Salatgurke schälen, die Enden abschneiden. Die Gurke mit dem Messer oder dem Gemüsehobel in ganz dünne Scheiben schneiden. Die Gurkenscheiben in eine Schüssel geben. Den Joghurt oder die saure Sahne unterrühren.

2 Den frischen Dill waschen und trocken schütteln, die Spitzen abzupfen und fein hacken. Frischen oder tiefgekühlten Dill zu den Gurken geben und alles gut mischen. Mit Salz, Pfeffer und 1 Prise Zucker würzen.

Tipp:

Meine Kinder mögen Salate eher mild. Wer es säuerlicher möchte, rührt noch 1 EL Essig unter den Gurkensalat.

ZUTATEN

BEILAGE FÜR 4 PERSONEN
1 Salatgurke
200 g Naturjoghurt oder Sauerrahm (saure Sahne)
1 Bund Dill oder ½ Päckchen tiefgekühlter Dill
Salz · Pfeffer aus der Mühle
Zucker

 ca. 10 Min.

Fixe gemacht

BLITZ-TOMATENSALAT

1 Die Tomaten waschen und in dünne Scheiben schneiden, dabei die Stielansätze entfernen.

2 Die Zwiebel schälen, halbieren und in ganz feine Streifen schneiden oder hobeln, unter die Tomaten mischen. Den Salat mit Salz und Pfeffer würzen.

Wer mag:

1 Bund Rucola verlesen, waschen und trocken schleudern, grobe Stiele entfernen. Rucola unter die Tomaten mischen.

ZUTATEN

BEILAGE FÜR 4 PERSONEN
5 große Tomaten
1 kleine Zwiebel
Salz · Pfeffer aus der Mühle

 ca. 5 Min.

EGG-SANDWICH

Manchmal sind mein Mann und ich schlimm: Wenn uns etwas im Lokal gut schmeckt, nehmen wir das Gericht förmlich auseinander, damit wir es zu Hause nachkochen können. Bei dem tollen Sandwich war das nicht allzu schwer. Probieren Sie es – schmeckt himmlisch!

1 Den Rucola verlesen, waschen und trocken schütteln, grobe Stiele entfernen. Die Tomate waschen, den Stielansatz entfernen. Die Tomate in 4 dicke Scheiben schneiden.

2 Die Toasties halbieren und im Toaster rösten. Vier Hälften mit je 1 EL Mayonnaise bestreichen und den Rucola darauf verteilen.

3 Die Butter in einer großen, beschichteten Pfanne erhitzen. Die 4 Eier in die Pfanne schlagen und jeweils auf beiden Seiten etwa 2 Minuten bei mittlerer Hitze zu Spiegeleiern braten. Mit Salz und Pfeffer würzen.

4 Die Eier auf den Rucola legen. Auf jedes Ei 1 Tomatenscheibe legen. Mit etwas Salz würzen. Die übrigen Toastie-Hälften darüberklappen.

ZUTATEN

FÜR 4 PERSONEN
1 Bund Rucola
1 große Fleischtomate
4 runde Toasties (Fertigprodukt)
4 EL Mayonnaise (aus dem Glas)
1 EL Butter
4 Eier
Salz · Pfeffer aus der Mühle

 ca. 20 Min.

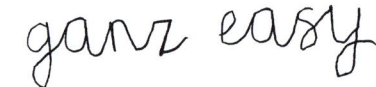

BRUSCHETTA

Das Brot nicht mehr ganz frisch, die Tomaten nicht mehr knackig? Dann werden halt leckere Bruschette daraus!

1 Das Brot in 3 EL Olivenöl in einer Pfanne auf beiden Seiten bei mittlerer Hitze knusprig anbraten.

2 Knoblauch schälen und in feine Würfel schneiden. Tomaten waschen, halbieren und entkernen. Tomatenviertel in kleine Würfel schneiden, dabei die Stielansätze entfernen. Basilikum waschen, trocken schütteln und klein zupfen.

3 Das restliche Olivenöl in eine Schüssel geben und mit Tomaten, Knoblauch und Basilikum mischen. Mit Salz und Pfeffer würzen. Das geröstete Brot aus der Pfanne nehmen und üppig mit den gewürzten Tomaten belegen. Warm genießen.

Tipp:

Schmeckt auch auf dem Knusperbrot: gebratene Paprika- oder Auberginenwürfel, Avocadomus, gebratene Pilze mit Balsamico. Oder Sie überbacken die Bruschette mit Mozzarella und Sardellen.

ZUTATEN

FÜR 8 STÜCK
8 Scheiben Brot (egal welches, nur kein körniges Vollkornbrot)
8 EL Olivenöl
2 Knoblauchzehen
3 Fleischtomaten
½ Bund Basilikum
Salz • Pfeffer aus der Mühle

 ca. 20 Min.

FISCH IM PÄCKCHEN

Weil man die Kids schließlich bei Laune halten muss, dürfen sie ab sofort auch ohne Geburtstag oder Weihnachten Päckchen auspacken.

ZUTATEN

FÜR 4 PERSONEN
6 große Wirsingblätter
Salz
400 g Fischfilet (z.B. Lachs
oder Kabeljau)
Pfeffer aus der Mühle
1 Kugel Mozzarella (125 g)
2 Bio-Zitronen
1 Bund glatte Petersilie
12 schwarze Oliven, ohne Stein
4 EL Olivenöl
kleine Holzspieße

 ca. 40 Min.

1 Die Wirsingblätter in einem großen Topf mit kochendem Salzwasser nach und nach jeweils etwa 1 Minute blanchieren, bis sie weich werden. Mit dem Schaumlöffel aus dem Wasser heben und auf einem Sieb abtropfen lassen.

2 Die Fischfilets waschen, mit Küchenpapier trocken tupfen, in 6 Stücke schneiden und mit Salz und Pfeffer würzen. Den Mozzarella in Stücke zupfen oder schneiden. Die Zitronen heiß waschen und in 12 Scheiben schneiden. Die Petersilie waschen, trocken schütteln und die Blätter abzupfen.

3 Die Wirsingblätter auf die Arbeitsfläche legen und jeweils 1 Stück Fisch, etwas Mozzarella, Zitronenscheiben, Oliven und Petersilie in die Mitte legen. Von den Wirsingblättern erst die Seiten einschlagen, dann von oben und unten zur Mitte einschlagen und jedes Päckchen mit einem kleinen Holzspieß feststecken.

4 Das Olivenöl in einer Pfanne erhitzen. Die Fischpäckchen darin auf jeder Seite jeweils 5 bis 10 Minuten braten - je nach Dicke des Fischfilets. Dazu passen gut Butterkartoffeln oder Kartoffelbrei.

Tipps:

Kann sein, dass Ihre Kinder die Zitronenscheiben in den Päckchen nicht mögen. Dann einfach weglassen. Ich finde die Kombination lecker, denn in der Hülle werden die Zitronen ganz weich, und man kann sogar die Schale mitessen.

Im Sommer packen Sie die Fischpäckchen in Alufolie ein und legen sie etwa 20 Minuten auf den Grill.

ASIA-PUTENSPIESSE

Dieses Rezept stammt von meiner Freundin Iris, die immer zu einer wunderbar köstlichen Mädelsweihnacht einlädt. Seit ich es einmal zu Hause nachgekocht habe, brutzelt uns mein Mann mit Begeisterung diese Spieße.

1 Den Backofen auf 180 °C Umluft vorheizen. Das Putenbrustfilet waschen, mit Küchenpapier trocken tupfen und in etwa 2 cm dicke Würfel schneiden.

2 Die Ananas schälen, halbieren und den harten Strunk entfernen. Das Fruchtfleisch in etwa 2 cm dicke Würfel schneiden. Die Paprika längs halbieren, entkernen, waschen und in große Würfel schneiden.

3 Die Erdnussbutter mit der Kokosmilch verrühren. Mit Salz und Pfeffer würzen. Wer mag, noch etwas Chilipulver unterrühren.

4 Fleisch, Ananas und Paprika abwechselnd auf die Schaschlikspieße stecken. Mit der Erdnussmarinade rundum einpinseln, auf ein mit Backpapier belegtes Backblech legen und im Ofen auf der mittleren Schiene 20 bis 25 Minuten braten.

Tipp:

Dazu Reis oder Fladenbrot servieren.

ZUTATEN

FÜR 4 PERSONEN
400 g Putenbrustfilet
½ Ananas
2 rote Paprikaschoten
6 EL Erdnussbutter
4 EL Kokosmilch
Salz · Pfeffer aus der Mühle
Chilipulver (nach Belieben)
8 Schaschlikspieße

 ca. 15 Min.
+ 20–25 Min. im Ofen

SALSICCIA MIT KARTOFFELSTAMPF

1 Die Kartoffeln schälen, waschen und in Salzwasser etwa 30 Minuten weich garen. Den Knoblauch schälen und in feine Würfel schneiden. In einer Pfanne 2 EL Olivenöl erhitzen, den Knoblauch darin kurz andünsten.

2 Die Kartoffeln abgießen und wieder in den Topf geben. Die Milch dazugießen und die Kartoffeln mit dem Kartoffelstampfer fein zerdrücken. Den Knoblauch und das restliche Olivenöl unterrühren. Kartoffelstampf mit Salz und Pfeffer würzen.

3 Die Pfanne, in der der Knoblauch angedünstet wurde, nochmals erhitzen. Den Rosmarin dazugeben. Die Würste auf einer Seite in etwa 1 cm Abstand leicht einschneiden und in der Pfanne auf beiden Seiten sehr knusprig braten.

4 Den Kartoffelstampf mit den Würsten und etwas Rosmarin anrichten und nach Belieben noch mit etwas Olivenöl beträufeln.

Auch lecker: Salsiccia-Taler

Den Kartoffelstampf, wie oben beschrieben, zubereiten, Salsiccia-Würste sehr klein schneiden und mit 2 Eiern unter den Kartoffelstampf mischen. Rapsöl in einer Pfanne erhitzen. Aus dem Teig kleine Taler formen und im Öl auf beiden Seiten goldbraun braten. Dazu schmeckt ein gemischter Salat.

ZUTATEN

FÜR 4 PERSONEN
2 kg mehligkochende Kartoffeln
Salz
4 Knoblauchzehen
6 EL Olivenöl
100 ml Milch
Pfeffer aus der Mühle
2 Zweige Rosmarin
4 Salsiccia-Würste (ca. 600 g)

 ca. 40 Min.

TIPP:
Schmeckt auch gut mit polnischer, gebratener Knoblauchwurst. Dann dürfen Sie den Knoblauch im Kartoffelstampf aber weglassen.

RINDERSTEAK MIT KRÄUTERBUTTER

Als Beilage gibt's eine Folienkartoffel aus dem Backofen mit leicht gesalzener saurer Sahne.

1 Die Butter etwas weich werden lassen. Die Kräuter waschen und trocken schütteln, die Blätter abzupfen und fein hacken. Die Kräuter unter die Butter rühren. Mit Salz und etwas Pfeffer würzen. Zu einer Rolle formen, in Alufolie wickeln und im Kühlschrank bis zum Servieren kühl stellen.

2 Steaks mit Salz und Pfeffer würzen. Butterschmalz in einer Grillpfanne erhitzen und die Steaks darin auf beiden Seiten bei mittlerer bis starker Hitze braten. Je nach Dicke des Fleischstücks braucht ein rot-blutiges Steak etwa 3, ein medium gebratenes etwa 5 und ein durchgebratenes Steak etwa 8 Minuten Bratzeit pro Seite. Im Sommer die Steaks auf dem Grill zubereiten.

3 Die gebratenen Steaks in Alufolie wickeln und bis zum Servieren noch 5 bis 10 Minuten ruhen lassen. Die Kräuterbutter in Scheiben schneiden und auf die Steaks legen.

Selbst gemachte Steaksaucen

Teufelssauce: Je 2 rote und gelbe Paprikaschoten, 2 rote Zwiebeln und 2 Knoblauchzehen (alles fein gewürfelt) mit 2 fein geschnittenen Chilischoten in 2 EL Olivenöl etwa 10 Minuten andünsten. 2 EL Tomatenmark unterrühren und das Gemüse pürieren. Die Sauce mit Salz, Pfeffer und 2 EL saurer Sahne würzen.

Kinder-Steaksauce: 150 g saure Sahne mit 150 g Frischkäse und 2 EL Tomatenketchup cremig rühren. 3 EL Schnittlauchröllchen untermischen und die Sauce mit Salz und Pfeffer würzen.

ZUTATEN

FÜR 4 PERSONEN
100 g Butter
1 Handvoll gemischte Kräuter
(z.B. Rosmarin, Thymian
und Petersilie)
Salz · Pfeffer aus der Mühle
4 Rindersteaks
(z.B. aus der Hüfte)
2 EL Butterschmalz

 ca. 30 Min.

+ TIPP

PANIEREN SIE IHR SCHNITZEL ZUR
ABWECHSLUNG AUCH MAL MIT
ZERBRÖSELTEN CORNFLAKES, MIT
MANDELBLÄTTCHEN ODER MIT
GEHACKTEN NÜSSEN.

SCHNITZEL WIENER ART MIT BRATKARTOFFELN

Da scheiden sich die Geister: Die einen mögen nur Zitrone übers Schnitzel, die anderen freuen sich über Preiselbeeren dazu. Ich mag beides zusammen.

1 Schnitzel flach klopfen, so werden sie zarter und schmecken einfach besser. Mehl, Eier und Panko oder Semmelbrösel jeweils auf einen extra Teller geben. Die Schnitzel erst in Mehl, dann in den verquirlten Eiern und anschließend in Panko oder Semmelbröseln wenden. Leicht mit Salz und Pfeffer würzen.

2 Die Preiselbeeren mit dem Meerrettich und der Crème fraîche verrühren. Mit Pfeffer würzen.

3 Die Kartoffeln mit der Schale waschen und in Scheiben schneiden. Das Butterschmalz in einer Pfanne erhitzen und die Kartoffeln darin auf beiden Seiten knusprig braten. Mit etwas Salz und Pfeffer würzen.

4 Reichlich Öl – etwa 1,5 cm hoch – in einer großen Pfanne erhitzen, die Schnitzel dürfen richtig im Öl schwimmen. Die Schnitzel ins Öl gleiten lassen und auf beiden Seiten goldgelb ausbacken.

5 Die Zitrone heiß waschen, trocken reiben und in Achtel schneiden. Die Schnitzel mit Bratkartoffeln, Preiselbeersauce und Zitronenspalten servieren.

Tipps:

Ein Schnitzel Wiener Art schmeckt auch mit Putenfleisch sehr gut. Besonders fein ist ein echtes Wiener Schnitzel, das sich nur mit Kalbfleisch so nennen darf.

Panko ist eine tolles asiatisches Paniermehl aus dem Asialaden, mit dem die Panade beim Ausbacken extraknusprig wird. Wenn Sie Panko nicht bekommen, dann nehmen Sie Semmelbrösel vom Bäcker.

ZUTATEN

FÜR 4 PERSONEN
400 g Schweineschnitzel
(à ca. 150 g)
50 g Mehl
2 Eier
100 g Panko (asiatisches Paniermehl) oder Semmelbrösel
Salz · Pfeffer aus der Mühle
6 EL Wildpreiselbeeren
(aus dem Glas)
1 EL Meerrettich (aus dem Glas)
1 EL Crème fraîche
500 g gekochte Kartoffeln
(vom Vortag)
2 EL Butterschmalz
Rapsöl zum Ausbacken
1 Bio-Zitrone

 ca. 40 Min.

Das macht Spaß, Erfolgserlebnisse, Papas Lieblingsrezept, weitersagen, auch noch ausprobieren:

KAPITEL 6

DIE MINI KÜCHEN CHEFS

In der *KinderKüche*, meiner Kochschule, werden täglich von vielen kleinen Köchen tolle Gerichte gezaubert. Am Ende des Kochkurses genießen die Minis ihre selbst gemachten Top-Gerichte. Dieses stolze Grinsen und das Glitzern in den Augen der Kinder sind der Grund für das, was wir mit viel Liebe und Hingabe jeden Tag tun. Lassen Sie Ihre Kinder auch zu Hause so oft wie möglich mitkochen — z.B. die beliebtesten *KinderKüche*-Rezepte auf den nächsten Seiten.

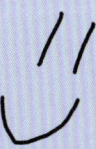

YUMMY!

SELBST GEMACHTE BASILIKUMNUDELN

VEGGIE

Die Lieblingspasta aller kleinen Köche aus der KinderKüche. Die frischen Nudeln werden übrigens nur mit zerlassener Butter und Parmesan ebenso heiß geliebt wie das folgende Rezept mit Tomaten und Mozzarella.

1 Für den Nudelteig alle Zutaten bereitstellen. Das Mehl, den Grieß und 1 TL Salz in einer Schüssel mischen. In die Mitte eine Mulde drücken. Das Olivenöl und 150 ml Wasser in die Mulde gießen und alles mit einem Löffel oder einer Gabel zu einem Teig vermischen, dann mit den Händen weitere 10 Minuten glatt und geschmeidig kneten.

2 Die Basilikumblätter waschen und trocken tupfen. Den Nudelteig mit der Nudelmaschine oder einem Nudelholz – dann auf der bemehlten Arbeitsfläche – sehr dünn ausrollen. Auf die eine Hälfte des Teiges die Basilikumblätter legen, die andere Hälfte darüberlegen und die Ränder fest andrücken. Den Teig noch einmal durch die Nudelmaschine laufen lassen oder mit dem Nudelholz dünn ausrollen. Jetzt mit einem Teigrädchen oder mit einem Messer etwa 5 mm breite Bandnudeln schneiden.

3 Den Mozzarella abtropfen lassen und in kleine Stücke zupfen. Die Tomaten waschen und vierteln. Die Tomatenviertel mit Mozzarella und Olivenöl mischen, mit Salz und Pfeffer würzen.

4 Einen großen Topf mit Salzwasser zum Kochen bringen. Die Nudeln darin 3 bis 4 Minuten garen, bis sie an der Oberfläche schwimmen. Die Basilikumnudeln abgießen und sofort mit der Tomaten-Mozzarella-Mischung servieren.

ZUTATEN

FÜR 4 PERSONEN

FÜR DEN NUDELTEIG:
250 g Weizen- oder Dinkelmehl
150 g Hartweizengrieß
Salz
4 EL Olivenöl
Mehl zum Verarbeiten
ca. 25 Basilikumblätter

AUSSERDEM:
2 Kugeln Mozzarella (à 150 g)
12 Kirschtomaten
5 EL Olivenöl
Pfeffer aus der Mühle

🕐 ca. 50 Min.

Ohne Ei

PICCATA MILANESE

Dieses italienische Gericht, das ursprünglich mit Kalbfleisch zubereitet wird, war schon als Kind eines meiner Lieblingsgerichte. Meine Jungs mögen es am liebsten mit zartem Putenschnitzel!

1 Die Zwiebel und den Knoblauch schälen und in feine Würfel schneiden. Das Olivenöl in einem Topf erhitzen, die Zwiebel- und Knoblauchwürfel darin glasig dünsten. Die Tomaten vorsichtig dazuschütten und mit Zucker, Kräutern, etwas Salz und Pfeffer würzen. Die Sauce bei schwacher Hitze etwa 20 Minuten einkochen lassen.

2 In der Zwischenzeit die Schnitzel flach klopfen. Das Mehl auf einem großen Teller verteilen. Die Eier aufschlagen und in einem tiefen Teller verquirlen. Mit Salz und Pfeffer würzen. Die Schnitzel erst in Mehl, dann in den Eiern wenden.

3 Einen Topf mit Salzwasser zum Kochen bringen. Die Spaghetti darin nach Packungsanweisung bissfest garen. Öl in einer Pfanne erhitzen und die Schnitzel darin auf jeder Seite goldgelb ausbacken.

4 Die Nudeln in ein Sieb abgießen und mit der Tomatensauce mischen. Die Tomatenspaghetti auf Tellern anrichten und mit je 1 Putenschnitzel belegen.

ZUTATEN

FÜR 4 PERSONEN
1 Zwiebel
2 Knoblauchzehen
2 EL Olivenöl
1 Dose stückige Tomaten
(240 g Abtropfgewicht)
1 TL Zucker
1 EL italienische Kräuter
Salz · Pfeffer aus der Mühle
4 kleine Putenschnitzel
(ca. 300 g)
5 EL Mehl
2 Eier
300 g Spaghetti
5 EL Rapsöl

 ca. 30 Min.

FLAMMKUCHEN

*Echt schnell im Ofen und nicht nur ein Hit bei den Kindern in der KinderKüche.
Auch wir mögen diesen unkomplizierten Flammkuchen sehr.*

ZUTATEN

1 Die Brotmischung nach Packungsanweisung zubereiten. Den Teig zugedeckt an einem warmen Ort etwa 45 Minuten gehen lassen.

2 Inzwischen den Frischkäse mit der Milch verrühren und mit Pfeffer würzen. Den Lauch putzen, waschen und in feine Ringe schneiden. Den Schinken würfeln. Den Emmentaler mit der Käsereibe reiben.

3 Den Backofen auf 180 °C vorheizen. Ein Backblech mit Backpapier auslegen. Den Brotteig auf die Backblechgröße ausrollen - am besten gleich auf dem Backpapier.

4 Den Teig mit Frischkäse bestreichen. Mit Lauch, Schinkenwürfeln und Käse gleichmäßig belegen. Mit Pfeffer bestreuen und im Ofen auf der mittleren Schiene 15 bis 20 Minuten backen.

FÜR 4 PERSONEN
500 g Backmischung für
ein Bauernbrot
200 g Frischkäse
3—4 EL Milch
Pfeffer aus der Mühle
½ Stange Lauch
200 g Schwarzwälder Schinken
100 g Emmentaler (am Stück)

 ca. 20 Min.
+ 45 Min. Gehzeit
+ 15—20 Min. Backzeit

Tipps:

Frederik und Vincent mögen den Flammkuchen lieber ohne Lauch und belegen einfach zwei Ecken nur mit Schinken und Käse.

Für Mama und Papa: Probieren Sie mal klein geschnittene Backpflaumen, Speck und Gorgonzola als Flammkuchenbelag. Schmeckt fantastisch.

+ TIPP

DAS SCHMECKT AUCH LECKER IM WRAP: GERIEBENER KÄSE, KIDNEYBOHNEN, GEBRATENES HACKFLEISCH, IN DÜNNE RINGE GESCHNITTENE CHILISCHOTEN.

TEXMEX-WRAPS

Ein Essen, das ausnahmslos alle mögen! Mal mehr, mal weniger belegt.

1 Die Zwiebel schälen und in feine Würfel schneiden. Das Fleisch waschen und mit Küchenpapier trocken tupfen. Die Hähnchenbrust in sehr kleine Würfel schneiden, fast schon hacken.

2 Das Öl in einer beschichteten Pfanne erhitzen. Die Zwiebel darin glasig dünsten. Das Fleisch dazugeben und knusprig braun braten, mit Salz und Pfeffer würzen. Pfanne vom Herd nehmen.

3 Die Tomaten waschen und vierteln, dabei die Stielansätze entfernen. Die Tomatenviertel in kleine Würfel schneiden. Den Eisbergsalat waschen, abtropfen lassen und sehr klein schneiden. Den Mais auf einem Sieb abtropfen lassen. Die Crème fraîche mit Salz und Pfeffer würzen. Die Avocado halbieren und den Stein entfernen. Das Fruchtfleisch schälen und mit einer Gabel zerdrücken. Mit Salz, Pfeffer und dem Limettensaft würzen.

4 Die Tortillas im Ofen oder in einer Pfanne kurz erhitzen. Mit Hähnchen-Zwiebel-Mix, Tomaten, Salat und Mais belegen. Überall einen Klecks Crème fraîche und Avocadocreme daraufgeben und die Tortillas aufrollen. Wer sie als Fingerfood genießen möchte, umwickelt den unteren Teil fest mit Brotpapier.

ZUTATEN

FÜR 4 PERSONEN
1 kleine Zwiebel
100 g Hähnchenbrustfilet
1 EL ÖI
Salz · Pfeffer aus der Mühle
2 Tomaten
¼ Eisbergsalat
1 kleine Dose Mais (140 g Abtropfgewicht)
150 g Crème fraîche
1 reife Avocado
Saft von 1 Limette
6 Weizentortillas

 **ca. 25 Min.**

GANZ FIX

HÄHNCHEN-NUGGETS MIT KOKOSNUSS

1 Jede Hähnchenbrust in 5 Stücke schneiden. Die Mini-Schnitzel waschen, mit Küchenpapier trocken tupfen und mit dem Fleischklopfer ganz vorsichtig flach klopfen. Große Stücke noch mal halbieren.

2 Mehl, Eier und Kokosraspel jeweils auf einen flachen Teller geben. Die Eier mit einer Gabel verquirlen und mit etwas Pfeffer würzen. Die Fleischstücke rundum erst in Mehl, dann in Ei und zum Schluss in den Kokosraspeln wenden.

3 Das Öl in einer Pfanne erhitzen und die Nuggets darin auf jeder Seite 4 bis 6 Minuten knusprig braten. Zuletzt mit Salz würzen.

Tipp:

Dazu schmecken **Texas-Pommes**: 400 g Drillinge oder andere kleine, junge Kartoffeln waschen, trocken tupfen und der Länge nach vierteln. Mit 3 EL Kokosöl und 1 EL Paprikapulver gut mischen. Mit Salz würzen und auf einem mit Backpapier belegten Backblech im auf 200 °C vorgeheizten Ofen auf der oberen Schiene etwa 30 Minuten knusprig backen.

ZUTATEN

FÜR 4 PERSONEN
2 große Hähnchenbrustfilets (ca. 500 g)
4 EL Mehl
2 Eier
ca. 200 g Kokosraspel
Pfeffer aus der Mühle
4—6 EL Rapsöl
Salz

 ca. 30 Min.

+ TIPP

WER KEINE KOKOSRAS-
PEL MAG, PANIERT DIE
HÄHNCHEN-NUGGETS MIT
SEMMELBRÖSELN.

EINS, ZWEI, DREI ...

... FERTIG IST DIE LECKEREI.

PIRATENESSEN

1 Den Backofen auf 180°C vorheizen. Kartoffeln mit dem Sparschäler schälen, waschen und mit Küchenpapier trocken tupfen. Lachs waschen, mit Küchenpapier trocken tupfen und in große Würfel schneiden.

2 Mehl und Eier jeweils in tiefe Teller geben. Cornflakes in einer Schüssel grob zerdrücken. Den Lachs erst in Mehl, dann in den Eiern und zuletzt in Cornflakes wenden.

3 Ein Backblech mit Backpapier auslegen. Die Cornflakes nochmals gut an den Fischstücken festdrücken und die Nuggets nebeneinander auf das Backblech legen.

4 Die Kartoffeln in dünne Scheiben schneiden. Die Kartoffelscheiben aufs Backblech zwischen die Fischstücke legen.

5 Die Kartoffeln auf dem Blech gründlich mit Olivenöl bepinseln und mit Salz und Pfeffer würzen. Die Nuggets und die Kartoffeln in den Backofen schieben.

6 Nuggets und Kartoffeln auf der obersten Schiene etwa 25 Minuten goldbraun backen. Aus dem Ofen nehmen und die Fisch-Nuggets mit den „Goldtalern" servieren.

ZUTATEN

FÜR 4 PERSONEN
400 g Kartoffeln
400 g Lachsfilet (oder anderes festfleischiges Fischfilet)
100 g Mehl
2 verquirlte Eier
ca. 200 g Cornflakes
5 EL Olivenöl
Salz · Pfeffer aus der Mühle

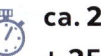 **ca. 25 Min.**
+ 25 Min. Backzeit

+ TIPP

BURGER KANN MAN SUPERGUT
ZU HAUSE MACHEN — IST NICHT
SCHWER UND EXTRA LECKER.

MINI-BURGER

Mit selbst gebackenen Burgerbrötchen ein kleiner Koch-Event für verregnete Wochenenden.

1 Den Hefeteig, wie auf S. 107 beschrieben, zubereiten. Ein Backblech mit Backpapier auslegen. Aus dem Teig 6 runde Brötchen formen, auf das Backblech legen, mit einem Küchentuch zudecken und noch mal 10 Minuten gehen lassen.

2 Den Backofen auf 200 °C vorheizen. Das Hackfleisch in einer Schüssel mit einer Gabel locker verteilen. Die Zwiebel schälen, in feine Würfel schneiden und zum Fleisch geben. Die Eier dazugeben. Den Fleischteig gut durchkneten. Die Petersilie waschen und trocken schütteln, die Blätter abzupfen, klein hacken und mit dem Tomatenmark unter den Fleischteig mischen. Mit Salz und Pfeffer würzen.

3 Die Brötchen im Ofen auf der mittleren Schiene etwa 20 Minuten goldbraun backen. In der Zwischenzeit die Salatblätter waschen und trocken schleudern. Die Tomate waschen und in 6 Scheiben schneiden, dabei den Stielansatz entfernen. Die Salatgurke schälen und in Scheiben schneiden.

4 Aus dem Fleischteig mit angefeuchteten Händen 6 Taler formen. Das Öl in einer Pfanne erhitzen. Die Fleischtaler darin auf jeder Seite etwa 4 bis 5 Minuten knusprig braten. Auf Küchenpapier abtropfen lassen.

5 Die Brötchen aus dem Ofen holen, etwas auskühlen lassen und aufschneiden. Mit Senf bestreichen, mit Hackfleischtalern, Tomatenscheibe, Gurkenscheiben, Salatblatt und, wer mag, mit Käse belegen.

Wenig Zeit?

Dann machen Sie es sich und Ihren Kindern leichter und kaufen Burgerbrötchen im Supermarkt. Nur kurz im Ofen erwärmen – fertig!

ZUTATEN

FÜR 6 BURGER:
1 Rezept Hefeteig (siehe S. 107)
400 g gemischtes Hackfleisch
1 Zwiebel
2 Eier
½ Bund glatte Petersilie
1 EL Tomatenmark
Salz · Pfeffer aus der Mühle
6 Salatblätter
1 große Fleischtomate
¼ Salatgurke
4 EL Rapsöl
2 EL mittelscharfer Senf
6 Scheiben Gouda (wer einen Cheeseburger machen möchte)

 ca. 50 Min.
+ 40 Min. Gehzeit
+ 20 Min. Backzeit

SCHOKO-BANANEN-PRALINEN

Überreife Bananen mag ich einfach nicht! Und immer hatte ich ein schrecklich schlechtes Gewissen, wenn sie im Müll landeten. Zu Kuchen verbacken konnte ich sie ja auch nicht jedes Mal, sonst werden wir alle kugelrund. Das Rezept für Schoko-Bananen-Pralinen war die Lösung. Die verschenken wir jetzt an alle Freunde und Verwandte – ohne Rücksicht auf Figurprobleme.

1 Die Bananen in einem hohen Rührbecher mit dem Stabmixer fein pürieren. Die Schokolade grob hacken und in einer Schüssel über dem warmen Wasserbad schmelzen. Dabei immer wieder umrühren und darauf achten, dass das Wasser nicht kocht – sonst wird die Schokolade zu heiß, dann klumpt sie und ist nicht mehr zu genießen.

2 Die Sahne unterrühren. Das Bananenmus und die Haselnüsse unterheben und alles gut verrühren. Die Masse im Kühlschrank mindestens 2 Stunden kühl stellen.

3 Das Kakaopulver in eine Schüssel füllen. Aus der Bananen-Schoko-Masse mit einem Teelöffel kleine Portionen abnehmen und zwischen den Händen zu Kugeln formen. Die Kugeln rundum in Kakao wälzen und jede Praline in ein Papierförmchen legen. Die Schoko-Bananen-Pralinen bis zum Vernaschen oder Verschenken in den Kühlschrank stellen. Gekühlt sind sie etwa 2 Tage haltbar.

ZUTATEN

FÜR 4 PERSONEN
4 sehr reife Bananen
200 g Zartbitterschokolade
2 EL Sahne
100 g gemahlene Haselnüsse
6 EL ungezuckertes Kakaopulver
ca. 40 Pralinenförmchen

 ca. 20 Min.
+ 2 Std. Kühlzeit

APFEL-CRUMBLE

Wir lieben geschlagene Sahne oder eine Kugel Vanilleeis dazu – einfach göttlich!

1 Den Backofen auf 160 °C (Umluft) vorheizen. Die Äpfel waschen und vierteln, dabei die Kerngehäuse entfernen. Die Apfelviertel in kleine Würfel schneiden. Die Apfelwürfel in eine ofenfeste Form schichten. Mit dem Zimt bestreuen und alles gut vermischen.

2 Die Butter sehr klein schneiden und mit dem Mehl und dem Zucker in eine Schüssel geben. Mit den Fingern zu Streuseln verkneten. Die Streusel gleichmäßig über den Äpfeln verteilen.

3 Den Apfel-Crumble im Ofen auf der mittleren Schiene etwa 20 Minuten backen. Der Crumble ist fertig, wenn die Streusel schön goldbraun sind.

Tipps:

Bei uns geht Crumble manchmal sogar als Mittagessen durch – aber nur, wenn abends deftige Brotzeit auf den Tisch kommt.

Crumble ist ein dankbares Rezept, denn er lässt sich je nach Geschmack und Jahreszeit variieren, z.B. mit Birnen, Kirschen oder Aprikosen, und im Winter mit Tiefkühlfrüchten.

ZUTATEN

FÜR 4 PERSONEN
6 Äpfel
1 TL Zimtpulver
100 g kalte Butter
100 g Mehl
100 g Zucker

 ca. 15 Min.
+ 20 Min. Backzeit

Wenn Sie die Menge für die Streuselzutaten verändern und 100 g Zucker, 200 g Butter und 300 g Mehl nehmen, können Sie daraus einen Mürbeteig als Boden für einen Apfelkuchen kneten.

HOLUNDER-COCKTAIL

MIT HOLUNDERBLÜTENSIRUP, LIMETTE UND BASILIKUM — EINE KOMBINATION, DIE LUST AUF MEHR MACHT

LIMETTEN-LIMO

LIMETTEN AUSPRESSEN, MINERALWASSER DAZU — IN 5 MINUTEN IST DIE EXTRAFRUCHTIGE LIMONADE FERTIG.

HIMBEER-LIMO

MIT FRISCHEN HIM-
BEEREN — WER KANN DA
SCHON WIDERSTEHEN?

MINZ-LIMO

DER ABSOLUTE FRISCHE-
KICK FÜR HEISSE
SOMMERTAGE

LIMETTEN-LIMO

1 Die Limetten auspressen und den Saft in einem großen Krug mit dem Mineralwasser aufgießen. Mit einem Löffel gut verrühren.

2 Die Limonade in Gläser gießen, und dann kann jeder sein Getränk ganz nach dem persönlichen Geschmack mit Agavendicksaft oder Honig süßen. Für Mama und Papa 1 Zweig Rosmarin waschen und mit ins Glas geben. Für die Kinder gibt es die Limo ohne.

Variante:

Statt Limetten kann man auch Zitronen nehmen. Weil diese aber etwas intensiver im Geschmack sind, reicht dann der Saft von 3 Früchten.

ZUTATEN

FÜR 4 GLÄSER
5 Limetten
1 l Mineralwasser
Agavendicksaft oder Honig
2 Zweige Rosmarin

 ca. 5 Min.

HOLUNDER-COCKTAIL

1 Den Holunderblütensirup in einen großen Krug geben, mit dem Mineralwasser und dem Ginger Ale aufgießen.

2 Die Limetten auspressen, den Saft dazugießen und alles mit einem Löffel gut verrühren. Die Basilikumblätter waschen, trocken schütteln, klein zupfen und dazugeben. Je ein paar Eiswürfel in die Gläser geben und mit dem Holunder-Cocktail aufgießen.

Variante:

Ginger Ale schmeckt leider nicht jedem Kind. Nehmen Sie stattdessen Zitronenlimonade und lassen Sie das Basilikum weg.

ZUTATEN

FÜR 4 GLÄSER
100 ml Holunderblütensirup
½ l Mineralwasser
¼ l Ginger Ale
3 Limetten
ca. 15 Basilikumblätter

 ca. 5 Min.

HIMBEER-LIMO

1   Die Himbeeren verlesen, abbrausen, in einen hohen Rührbecher geben und mit dem Stabmixer fein pürieren. Die Himbeeren durch ein feines Sieb drücken, um die Kerne zu entfernen.

2   Die Limette auspressen, den Limettensaft mit dem braunen Zucker zu dem Himbeerpüree geben, noch mal aufmixen. In Gläsern oder in einem großen Krug mit gut gekühltem Mineralwasser aufgießen und mit einem Löffel gut verrühren.

Variante:

Wer mag, lässt einige Himbeeren in der Tiefühltruhe gefrieren und serviert die Limonade statt mit Eiswürfeln mit geeisten Beeren.

ZUTATEN

FÜR 4 GLÄSER
400 g frische Himbeeren
1 Limette
2 EL brauner Zucker
½ l Mineralwasser

 ca. 5 Min.

MINZ-LIMO

1   Die Minze waschen, trocken schütteln und die Blätter abzupfen. Mit 8 Eiswürfeln und dem Agavendicksaft im Küchenmixer crushen.

2   Die Minzemischung auf die Gläser verteilen. Mit dem Mineralwasser aufgießen und mit Strohhalm genießen.

Variante:

Für Mama und Papa auch mal mit einem Schuss Prosecco oder Wodka aufgießen. Schmeckt toll als Aperitif beim Sommergrillen.

ZUTATEN

FÜR 4 GLÄSER
2 Bund Minze
1 EL Agavendicksaft
1 l Mineralwasser

 ca. 5 Min.

KAPITEL 7

DAS BESTE ZUM SCHLUSS

Was wäre ein Familienkochbuch ohne ein richtig dickes Kapitel für Süßkram? Nichts! Deshalb kommen hier unsere liebsten Nachspeisen, Kuchen und Naschereien. Mmh, lecker!

YUMMY!

+ TIPP

MIT KIWIS, WEINTRAUBEN UND
ÄPFELN STATT BEEREN WIRD DIE
ROTE ZUR GRÜNEN GRÜTZE.

ROTE GRÜTZE MIT VANILLESAUCE

Als ich klein war, gab es bei uns im Sommer häufig Rote Grütze satt in der größten Glasschüssel, die wir zu Hause hatten. Für meine vier Brüder und mich war das immer ein Fest!

1 Die Himbeeren kurz abbrausen. Die anderen Früchte waschen. Von den Erdbeeren die Kelchansätze entfernen, die Erdbeeren vierteln. Die Johannisbeeren von den Rispen zupfen. Die Kirschen entsteinen.

2 Die Vanilleschote längs aufschneiden und das Mark herauskratzen. Den Kirschsaft in einem großen Topf mit dem Vanillemark und der -schote aufkochen. Die Speisestärke mit wenig Wasser glatt rühren, zum kochenden Saft gießen und so lange unter Rühren kochen lassen, bis die Stärke bindet. Die Früchte dazugeben und 1 bis 2 Minuten darin heiß werden lassen. Die Vanilleschote mit einer Gabel herausfischen.

3 Den Topf vom Herd nehmen, die Grütze in eine große Schüssel umfüllen und abkühlen lassen. Bis zum Servieren kühl stellen.

4 In der Zwischenzeit die Vanillesauce nach Packungsanweisung mit Milch und Zucker zubereiten. Zur Roten Grütze servieren.

Tipp:

Für **selbst gemachte Vanillesauce** 1 Vanilleschote längs aufschneiden, das Mark herauskratzen und mit der Schote in ½ l Milch aufkochen. Schote entfernen. Die Milch etwas abkühlen lassen. 2 Eigelbe mit 70 g Zucker und 100 ml von der Vanillemilch verquirlen. Mit dem Schneebesen die Eiermilch unter die Vanillemilch rühren. Unter Rühren kurz aufkochen, bis sie dickcremig ist.

ZUTATEN

FÜR 4 PERSONEN
500 g gemischte Beeren und Früchte (z.B. Himbeeren, Erdbeeren, Johannisbeeren, Sauerkirschen)
1 Vanilleschote
400 ml Kirschsaft
3 EL Speisestärke
1 Päckchen Vanillesauce (für ½ l Milch)
½ l Milch
2 EL Zucker

 ca. 30 Min.

MAMIS OBSTSALAT

GANZ EASY

Meine Mutter war eine begnadete Köchin! Selbst die einfachsten Gerichte, wie dieser Obstsalat, schmeckten bei ihr ganz besonders. Hier kommt die Herbst-Winter-Variante für den Extra-Vitaminkick in der kalten Jahreszeit.

1 Die Äpfel waschen und vierteln, dabei die Kerngehäuse entfernen. Die Apfelviertel grob raspeln. Die Orangen wie einen Apfel schälen, so-dass auch die weiße Haut mit entfernt wird. Die Orangenfilets aus den Trennhäuten schneiden, dann in kleine Stücke schneiden. Die Manda-rinen schälen, die Filets halbieren. Die Trauben waschen, große Trau-ben halbieren. Die Bananen schälen und in Scheiben schneiden.

2 Die Früchte in einer großen Schüssel mit dem Limetten- und Oran-gensaft mischen. Mit Vanillezucker süßen. Wer mag, füllt die Portion für die Erwachsenen ab und rührt noch etwas Rum darunter.

Variante: Sommersalat

Im Sommer kommen natürlich Beeren, Aprikosen und auch Süd-früchte wie Mango oder Ananas in den bunten Obstsalat. Noch eine Kugel Vanille- oder Walnusseis dazu, vielleicht auch einen Klecks Sahne – und schon kann losgelöffelt werden.

ZUTATEN

FÜR 4 PERSONEN
2 Äpfel
2 Orangen
2 Mandarinen
20 blaue, kernlose Weintrauben
2 Bananen
Saft von 3 Limetten
Saft von 1 Orange
2 EL Vanillezucker
2 EL Rum (nach Belieben für die Erwachsenen)

 ca. 20 Min.

ZITRONEN-JOGHURT-MOUSSE

Ein erfrischender Nachtisch, der pur, mit pürierten Früchten oder Obst der Saison nicht nur im Sommer schmeckt.

1 Die Gelatine in kaltem Wasser einweichen. Den Zitronensaft mit dem Zucker kurz aufkochen. Vom Herd nehmen und die ausgedrückte Gelatine im warmen Zitronensaft auflösen.

2 Damit die Gelatine nicht klumpt, erst 2 bis 3 EL Joghurt unter die Gelatine rühren, dann diese Mischung unter den übrigen Joghurt rühren. Die Zitronenschale untermischen.

3 Die Sahne steif schlagen und vorsichtig unter den Zitronenjogurt heben. Die Mousse im Kühlschrank etwa 2 Stunden fest werden lassen.

Das passt dazu:

Gemischte Beeren der Saison, wie Brombeeren, Himbeeren, Erdbeeren und Johannisbeeren, waschen, putzen und bunt gemischt auf Tellern verteilen. Je 2 Nocken Mousse auf die Beeren setzen.

ZUTATEN

FÜR 4 PERSONEN
4 Blätter weiße Gelatine
Saft und abgeriebene Schale
von 1 Bio-Zitrone
50 g Zucker
400 g Naturjoghurt
(3,5 % Fett)
200 g Sahne

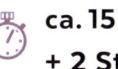 ca. 15 Min.
+ 2 Std. Kühlzeit

Fire gemacht

ERDBEER-TIRAMISU

ganz easy

1 Den Mascarpone, den Quark, den Zucker und den Vanillezucker zu einer glatten Creme verrühren. Die Erdbeeren waschen, die Kelchblätter entfernen und 500 g Erdbeeren in kleine Stücke schneiden, restliche Erdbeeren in Scheiben schneiden.

2 Den Orangensaft in eine flache Schüssel geben. Die Hälfte der Löffelbiskuits kurz darin schwenken und den Boden einer Auflaufform damit belegen. Die Hälfte der Erdbeeren auf den Löffelbiskuits verteilen. Die Hälfte der Mascarponecreme über die Erdbeeren streichen.

3 Die übrigen Löffelbiskuits wieder kurz in Orangensaft schwenken, auf die Creme in der Auflaufform legen. Die restlichen Erdbeerstücke darauf verteilen und die übrige Creme auf die Erdbeeren streichen. Mit den Erdbeerscheiben garnieren.

4 Das Erdbeer-Tiramisu mindestens 1 Stunde in den Kühlschrank stellen, dann zieht alles schön durch und schmeckt einfach toll!

Tipp:

Wer es sich zutraut, kann die Löffelbiskuits, statt im Saft zu schwenken, mit dem Saft beträufeln.

ZUTATEN

FÜR 4 PERSONEN
250 g Mascarpone
250 g Speisequark
6 EL Zucker
1 Päckchen Vanillezucker
ca. 600 g Erdbeeren
400 ml Orangensaft
400 g Löffelbiskuits

ca. 25 Min.
+ 1 Std. Kühlzeit

+ TIPP

HIER KÖNNEN AUCH DIE KLEINSTEN
SCHON MITHELFEN – UND SEI'S NUR
BEIM FRÜCHTENASCHEN!

+ TIPP

FÜR EINE SCHNELLE VARIANTE
MÜRBETEIG DURCH BLÄTTERTEIG
(AUS DEM KÜHLREGAL) ERSETZEN.

VANILLE-TÖRTCHEN

Mann, sind die lecker! Bringen Sie die Törtchen zum nächsten Gartenfest mit, und alle werden sie lieben!

1 Für den Teig das Mehl in eine Schüssel sieben. Die Butter in kleine Flöckchen schneiden und zum Mehl geben. Den Frischkäse untermischen. Den Zucker und den Vanillezucker dazugeben. Alles zu einem glatten Teig kneten und etwa 30 Minuten kühl stellen.

2 In der Zwischenzeit für den Belag das Puddingpulver mit der Milch und dem Zucker nach Packungsanweisung zubereiten. Die Beeren waschen, von den Erdbeeren die grünen Kelchansätze entfernen.

3 Den Backofen auf 180 °C vorheizen. Den Teig aus dem Kühlschrank holen und in 12 gleich große Stücke teilen. Die Stücke zu Kugeln formen, auf der bemehlten Arbeitsfläche mit dem Nudelholz rund ausrollen und in die gefetteten Mulden einer Muffinform geben. Im Ofen auf der mittleren Schiene etwa 20 Minuten goldgelb backen. Aus dem Ofen holen und in der Form auskühlen lassen.

4 Die Törtchen mithilfe eines Esslöffels vorsichtig aus der Form lösen. In jedes Törtchen etwas Vanillepudding geben und ein paar Beeren oben darauflegen. Die Vanilletörtchen mit Puderzucker bestäuben und nach Belieben mit Minzeblättern garnieren.

mmh!

ZUTATEN

FÜR 12 KLEINE TÖRTCHEN

FÜR DEN TEIG:
250 g Mehl
100 g kalte Butter
100 g Frischkäse
4 EL Zucker
1 Päckchen Vanillezucker

FÜR DEN BELAG:
½ Päckchen Vanillepuddingpulver
¼ l Milch
1 EL Zucker
je 12 Erdbeeren und Himbeeren
1 Handvoll Blaubeeren

AUSSERDEM:
Mehl für die Arbeitsfläche
Fett für die Form
Puderzucker zum Bestäuben
Minzeblätter (nach Belieben)

 ca. 30 Min.
+ 30 Min. Kühlzeit
+ 20 Min. Backzeit

CAKE POPS

KINDER-LIEBLING

1. Das Mehl mit dem Backpulver und 1 Prise Salz mischen. Die Butter mit Zucker und Vanillezucker schaumig rühren. Die Eier einzeln unterrühren. Die Mehlmischung und die Milch dazugeben und gut unterheben.

2. Ein Cake-Pop-Eisen vorheizen und einfetten. Den Teig portionsweise in das Cake-Pop-Eisen füllen und jeweils 5 bis 8 Minuten backen, bis der ganze Teig aufgebraucht ist. Alternativ den Teig in passende Silikonförmchen füllen und im auf 180 °C vorgeheizten Backofen auf der mittleren Schiene backen. Die Stäbchenprobe machen: Wenn an einem hineingestochenen Holzstäbchen kein Teig mehr kleben bleibt, sind die Cake-Pop-Kugeln fertig. Cake Pops abkühlen lassen.

3. Zuckerstreusel und Schokolinsen in kleine Schälchen füllen. Dunkle und helle Kuvertüre jeweils in einer Schüssel über dem warmen Wasserbad langsam schmelzen lassen.

4. In jede Cake-Pop-Kugel einen Lollipop-Stiel stecken und die Kugeln dann vorsichtig in weiße oder dunkle Kuvertüre tauchen. Die Kuvertüre immer gut abtropfen lassen und am besten mit einem Küchenpinsel gleichmäßig auf den Kuchenkugeln verteilen.

5. Die gut abgetropften, aber noch feuchten Cake Pops nach Belieben in den Streuseln wenden oder mit Schokolinsen bestücken.

6. Die fertig verzierten Cake Pops in Gläser oder Becher stellen und nur, wenn man so lange warten mag, den Guss trocknen lassen.

ZUTATEN

FÜR 48 STÜCK
300 g Mehl
2 TL Backpulver
Salz
150 g weiche Butter
150 g Zucker
1 Päckchen Vanillezucker
2 Eier
¼ l Milch
Fett für das Cake-Pop-Eisen
bunte Zuckerstreusel
Mini-Schokolinsen
200 g Zartbitterkuvertüre
200 g weiße Kuvertüre
48 Lollipop-Stiele

 ca. 40 Min.

+ TIPP

GARANTIERT EIN HIT AUF DER GEBURTSTAGSPARTY: LASSEN SIE DIE KIDS DIE KÜCHLEIN AM STIEL SELBST DEKORIEREN!

BUNTE-FRÜCHTE-TRIFLE

Für Trifle, das köstliche englische Dessert, kommen Kekse, Früchte und Creme Schicht für Schicht ins Glas. Sieht hübsch aus – wie vom Foodstylisten.

1 Die Banane schälen und in Scheiben schneiden. Die Nektarinen waschen, halbieren, entsteinen und das Fruchtfleisch in Stücke schneiden. Die Erdbeeren waschen, die Kelchansätze entfernen und das Fruchtfleisch klein schneiden.

2 Joghurt und Mascarpone mit dem Vanillezucker zu einer glatten Creme verrühren. Die Kekse in sehr kleine Stücke brechen. Die Erdnussbutter oder Macadamiacreme mit den Bröseln mischen.

3 Die Hälfte der Keksbrösel auf die Gläser verteilen. Dann etwas Creme über die Brösel geben und darauf eine Schicht Früchte. Über die Früchte wieder Keksbrösel geben und so weitermachen, bis die Zutaten verbraucht sind. Die letzte Schicht sollte Creme sein.

Tipp:

Die Erdnussbutter oder Macadamiacreme für die Keksbrösel kann man auch weglassen, beträufelt die Kekse dann aber am besten mit etwas Saft.

ZUTATEN

FÜR 4 HOHE GLÄSER
1 Banane
2 Nektarinen
250 g Erdbeeren oder andere Beeren
200 g Naturjoghurt
250 g Mascarpone
1 Päckchen Vanillezucker
8 Vollkornkekse
2 EL Erdnussbutter oder Macadamiacreme

 ca. 20 Min.

GANZ FIX

+ EXTRA TOPPING

WER MAG, BESTREUT DAS TRIFLE NOCH
MIT BUNTEN ZUCKERSTREUSELN ODER
GEHACKTEN NÜSSEN.

BROWNIES

1 Eine rechteckige Back- oder Auflaufform (etwa 20×30 cm) mit Butter einfetten. Den Backofen auf 180 °C vorheizen. Die Butter und die Schokolade in einer Schüssel über dem warmen Wasserbad schmelzen. Dabei immer wieder umrühren und aufpassen, dass die Schokolade nicht zu heiß wird, sonst klumpt sie.

2 Die Eier mit dem Zucker schaumig schlagen. Die Butter-Schokoladen-Mischung und das Mehl unterrühren. Den Teig in die Form füllen, glatt streichen und im Ofen auf der mittleren Schiene 25 bis 30 Minuten backen. Der Teig darf ruhig noch etwas klebrig sein.

3 Die Brownies auskühlen lassen und in kleine Würfel oder Rechtecke schneiden. Wer mag, kann die Brownies noch mit Schokoladenguss und bunten Zuckerstreuseln verzieren.

Auch lecker:

Brownie-Keks-Schnitten: Dafür den Brownie-Teig, wie oben beschrieben, zubereiten. 200 g Vollkornbutterkekse oder Zwieback mit dem Nudelholz fein zerbröseln. 100 g Butter in einem Topf zerlassen und mit den Keksen mischen. Die Hälfte des Brownie-Teigs in die Backform füllen, glatt streichen und die Keksmischung darauf verteilen. Den restlichen Brownie-Teig darüber verteilen und wie oben beschrieben backen.

ZUTATEN

FÜR 16 STÜCK
Butter für die Form
100 g Butter
200 g Zartbitterschokolade
3 Eier
200 g Zucker
100 g Mehl

 ca. 30 Min.
+ 30 Min. Backzeit

+ VARIANTE

SIE KÖNNEN DEN TEIG NOCH
MIT 100 G GEHACKTEN MANDELN
ODER NÜSSEN VERFEINERN.

LECKER!

WER SO FLEISSIG DEKORIERT,
DARF AUCH NASCHEN!

ETON MESS

Das ist das Rezept, für das ich fast alles stehen und liegen lassen würde. Ich hab es von Jamie, und das gebe ich gerne zu. Auch das Original ist aus England, heißt übersetzt Eton-Chaos oder Durcheinander und wird am Eton College jedes Jahr zum traditionellen Kricketspiel serviert.

1 Die Baisertörtchen in grobe Stücke zerteilen und in eine große Glasschüssel geben. Die Sahne steif schlagen. Die Erdbeeren waschen, die Kelchansätze entfernen und die Früchte klein schneiden.

2 Das Vanilleeis aus der Tiefkühltruhe holen und in großen Stücken auf den Baisertörtchen verteilen. Die Sahne über das Eis geben und mit den Erdbeeren bestreuen. Vier Löffel in die Hand nehmen und Eton Mess direkt aus der Schüssel genießen!

Tipp:

Auch wenn die Kombi Beeren, Baiser, Vanilleeis und Sahne unschlagbar ist: Sie können dem Ganzen noch eins draufsetzen, und zwar mit geschmolzener Schokolade. Einfach 200 g Lieblingsschokolade (mir schmeckt Zartbitterschokolade am besten) im Wasserbad schmelzen und am Schluss über das Dessert in der Schüssel gießen.

ZUTATEN

FÜR 4 PERSONEN
**200 g Baisertörtchen
(vom Bäcker)**
400 g Sahne
200 g Erdbeeren
400 ml Vanilleeis

 ca. 20 Min.

SCHOKO-SATT-TARTE

1 Den Backofen auf 180 °C vorheizen. Die Springform mit Butter einfetten und mit Mehl bestäuben. Die Toblerone mit der Butter in einer Schüssel über dem warmen Wasserbad schmelzen.

2 Den Zucker mit den Mandeln und dem Mehl in einer großen Schüssel mischen. Die Eier trennen. Die Eiweiße steif schlagen. Die Eigelbe schaumig schlagen, zu der Zucker-Mandel-Mehl-Mischung geben und mit den Quirlen des Handrührgeräts verrühren. Die Schokoladen-Butter unterrühren. Zum Schluss den Eischnee mit einem Teigschaber unter den Teig heben.

3 Den Teig in die Form füllen und im Ofen auf der mittleren Schiene etwa 30 Minuten backen. Aus dem Ofen holen und auskühlen lassen.

Tipp:

Statt Mandeln schmecken auch Walnüsse oder Haselnüsse, und die Toblerone können Sie durch Vollmilch- oder Zartbitterschokolade - ruhig mit Nussstückchen - ersetzen.

ZUTATEN

**FÜR 1 SPRINGFORM MIT
28 CM DURCHMESSER**
Butter und Mehl für die Form
300 g dunkle Toblerone
150 g Butter
150 g Zucker
150 g gemahlene Mandeln
3 EL Mehl
6 Eier

 ca. 30 Min.
+ 30 Min. Backzeit

+ TIPP

SOLLTEN DIE SCHNECKEN WÄHREND
DES BACKENS SCHON SEHR BRAUN
WERDEN, DEN KUCHEN MIT BACK-
PAPIER ABDECKEN. WARM AUS DEM
OFEN IST ER EIN TRAUM!

SCHNECKENKUCHEN

ca. 30 Min.
+ 45 Min. Gehzeit
+ 35 Min. Backzeit

FÜR CA. 20 STÜCK

FÜR DEN TEIG:
100 g Butter · ¼ l Milch
1 Würfel Hefe (42 g)
115 g Zucker · 500 g Mehl
1 TL Salz · 1 TL gem. Kardamom

AUSSERDEM:
Mehl für die Arbeitsfläche
100 g flüssige Butter
100 g Zucker
2 EL Zimtpulver · 1 Ei
100 g Hagelzucker

1 Butter und Milch erwärmen, lauwarm abkühlen lassen. Hefe in 5 EL lauwarmem Wasser mit 1 EL Zucker auflösen. In die Milch rühren. Mit restlichen Zutaten gut verkneten.

2 Teig an einem warmen Ort etwa 45 Minuten gehen lassen. Dann nochmals gut durchkneten, zu einem Rechteck (30×50 cm) ausrollen. Mit der Butter bestreichen.

3 Den Zucker mit dem Zimt mischen und gleichmäßig über die Butter streuen. Ein Backblech mit Backpapier belegen. Den Backofen auf 200°C vorheizen.

4 Die Teigplatte der Länge nach aufrollen. Die Teigrolle zu einer Breze formen und auf das Backblech legen.

5 Den Teig mit der Küchenschere im Abstand von 2 cm halb durchschneiden. Halb eingeschnittene Schnecken so auseinanderdrücken, dass das Blech komplett belegt ist.

6 Teig mit verquirltem Ei bestreichen und mit Hagelzucker bestreuen. Etwa 12 Minuten backen, dann die Temperatur auf 175°C reduzieren. 20 bis 25 Minuten weiterbacken.

MARMORKUCHEN GANZ KLASSISCH

Der perfekte Geburtstagskuchen, nach Lust und Laune bunt verziert und mit Kerzen drauf – Ihre Kinder werden strahlen!

1 Den Backofen auf 180 °C vorheizen. Die Butter mit dem Zucker etwa 5 Minuten schaumig schlagen. Ein Ei nach dem anderen unterrühren und jeweils mindestens 1 Minute cremig aufschlagen.

2 Das Mehl und das Backpulver in die Schüssel sieben, 1 Prise Salz dazugeben und alles gut verrühren. Die Milch zum Schluss unterrühren.

3 Die Backform einfetten und mit Mehl ausstäuben. Die Hälfte des Teigs in die Form füllen. Das Kakaopulver unter den übrigen Teig rühren, den dunklen Teig über den hellen in die Backform geben. Mit einem Holzstäbchen oder einem Messer spiralförmig durch beide Teige fahren – so entsteht das Marmormuster. Den Marmorkuchen im Ofen auf der mittleren Schiene etwa 45 Minuten backen.

4 Mit einem Holzstäbchen die Garprobe machen: Bleibt nach dem Einstechen kein Teig mehr am Stäbchen kleben, den Kuchen aus dem Ofen holen. Vorsichtig aus der Form lösen und auf einem Kuchengitter abkühlen lassen. Nach Belieben mit Puderzucker bestäuben oder mit flüssiger Schokolade bestreichen. Wer mag, verziert den Kuchen noch mit bunten Zuckerstreuseln oder Schokolinsen.

ZUTATEN

FÜR 1 GUGELHUPFFORM MIT 24 CM DURCHMESSER

150 g weiche Butter
150 g Zucker
4 Eier (Größe L)
400 g Mehl
1 Päckchen Backpulver
Salz
100 ml Milch
5 EL Kakaopulver
Butter und Mehl für die Form

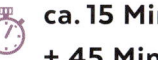 **ca. 15 Min.
+ 45 Min. Backzeit**

ROTWEINKUCHEN

Danke an meine liebe Vicky, die dieses fantastische Rezept rausgerückt hat! Wenn Kinder mitessen, gibt es den Kuchen natürlich mit Traubensaft statt mit Rotwein. Ich persönlich halbiere aber lieber den Teig, rühre unter die eine Hälfte Wein, unter die andere Saft und backe die Kuchen in zwei kleinen Backformen.

1 Den Backofen auf 175 °C vorheizen. Die Backform mit Butter einfetten und mit Mehl ausstäuben. Die Butter mit dem Zucker schaumig schlagen. Nach und nach die Eier unterrühren. Mehl, Vanillezucker, Zimt, Kakao und Backpulver untermischen. Zum Schluss den Rotwein oder Traubensaft unterrühren.

2 Den Teig in die Form füllen und glatt streichen. Den Kuchen im Ofen auf der mittleren Schiene etwa 1 Stunde backen.

3 Mit einem Holzstäbchen die Garprobe machen: Bleibt nach dem Einstechen kein Teig mehr am Stäbchen kleben, den Kuchen aus dem Ofen holen, aus der Form lösen und auf einem Kuchengitter abkühlen lassen. Wer mag, bestäubt den Kuchen mit Puderzucker oder bestreicht ihn dick mit flüssiger Schokolade.

ZUTATEN

FÜR EINE KASTENFORM MIT 30 CM LÄNGE

Butter und Mehl für die Form
250 g weiche Butter
250 g Zucker
5 Eier
250 g Mehl
2 Päckchen Vanillezucker
2 TL Zimtpulver
1 EL Kakaopulver
1 EL Weinsteinbackpulver
150 ml Rotwein oder
Traubensaft

 ca. 20 Min.
+ ca. 1 Std. Backzeit

BEERENKUCHEN VOM BLECH

Ein ganzes Blech Kuchen ist ja immer sehr viel. Nachdem dieser Kuchen aber ein paar Tage saftig bleibt, ist es genau die richtige Menge für Familien.

1 Den Zucker mit dem Mehl, dem Backpulver und dem Vanillezucker in eine Schüssel geben. Das Öl, das Mineralwasser und die Eier dazugeben und alles mit den Quirlen eines Handrührgeräts zu einem glatten Teig verrühren. Ein Backblech mit Backpapier auslegen. Den Backofen auf 180 °C vorheizen.

2 Die Heidelbeeren verlesen, waschen und abtropfen lassen, andere Lieblingsfrüchte putzen, waschen bzw. schälen und, wenn nötig, klein schneiden. Den Teig auf dem Backblech etwa 1 cm dick verstreichen. Die Früchte gleichmäßig auf dem Kuchen verteilen.

3 Den Kuchen im Ofen auf der mittleren Schiene etwa 20 Minuten backen. Abkühlen lassen und mit einer dicken Schicht Puderzucker bestäuben. In Stücke schneiden und nach Belieben mit Schlagsahne servieren.

ZUTATEN

FÜR CA. 16 STÜCKE
150 g Zucker
300 g Mehl
1 Päckchen Backpulver
1 Päckchen Vanillezucker
125 ml Rapsöl
150 ml Mineralwasser
4 Eier
500 g Heidelbeeren oder andere Früchte der Saison
Puderzucker zum Bestäuben

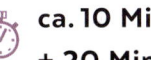 ca. 10 Min.
+ 20 Min. Backzeit

GANZ FIX

KÄSEKUCHEN

Ich liebe es, wenn Kinder eine Vorliebe für etwas anderes als Schokolade oder Nudeln haben. Mein Neffe Luis, z. B., liebt schon immer Käsekuchen. Deshalb gibt's für ihn zum Geburtstag auch extra Käsekuchen ohne Boden.

1 Den Backofen auf 175 °C vorheizen. Die Springform mit Butter einfetten und gleichmäßig mit etwas Grieß ausstreuen. Die Zitrone heiß waschen, die Schale abreiben und die Zitrone auspressen. Quark und Milch mit den Quirlen des Handrührgeräts verrühren. Die Eier trennen, die Eiweiße mit der Hälfte des Zuckers steif schlagen.

2 Den restlichen Zucker, die Eigelbe, Zitronensaft und -schale unter die Quarkmasse rühren. Das Vanillepuddingpulver zum Schluss dazugeben. Den Eischnee vorsichtig unter den Teig heben.

3 Den Teig in die Form füllen und im Ofen auf der mittleren Schiene etwa 50 Minuten backen. Den Kuchen im leicht geöffneten Ofen auskühlen lassen. Vor dem Servieren mit Puderzucker bestäuben.

ZUTATEN

FÜR 1 SPRINGFORM MIT 20 CM DURCHMESSER
Butter und Grieß für die Form
1 Bio-Zitrone
800 g Magerquark
¼ l Milch
5 Eier
125 g Zucker
1 Päckchen Vanillepuddingpulver
Puderzucker zum Bestäuben

 ca. 25 Min.
+ 50 Min. Backzeit

GANZ EASY

+ VARIANTE

SIE MÖCHTEN KÄSEKUCHEN MIT
BODEN? EIN MÜRBETEIGREZEPT STEHT
IM KASTEN AUF S. 175.

Meine Top 5, das kann ich schon selbst, besonders leicht,
das war superlecker, unser liebster Sonntagskuchen:

....

....

....

....

....

....

....

....

....

....

....

....

....

....

REGISTER

M

O

P

R

S

Ich glaube, ich habe selten so entspannt ein
Buch geschrieben. Deshalb danke an die liebe
und klar denkende Redakteurin Eva Hege
und die schnelle Lektorin Christiane Kürth –
wir sind ein Super-Team, finde ich.
Die tollen Fotos mit ebenso entspannten Shoo-
tings sind mit den hübschen Fotografinnen
Sabine und Ulrike entstanden. Sieht einfach
alles lecker aus!
Ohne die süßen und coolen Kinder Johanna,
Sophia, Johan und Vitus, Frederik und Vincent,
Felix und Alicia, Anna und Ludwig wären
die Fotos nur halb so schön – es hat echt Spaß
gemacht mit euch.
Und dann sind da noch meine drei Jungs zu
Hause: Bin ich froh, dass euch beim Aus-
denken, Austesten und Ausprobieren alles
alles geschmeckt hat, puh – danke!
Und danke Mami, du hast mir das Kochen
und Genießen beigebracht ♥.

DANKE
EUCH

DIE AUTORIN: SUSANNE KLUG

Sie weiß, wie man Kindern Lust auf gesunde Ernährung macht. Darum floriert auch ihre Kochschule, die *KinderKüche* München, seit ihrer Gründung im Jahr 2004. Davor hat Susanne Klug Ökotrophologie studiert und in der Kochbuchredaktion eines großen Ratgeberverlags gearbeitet. Heute schreibt sie eine monatliche Kolumne für die Zeitschrift „Eltern" und zeigt in ihren Kochbüchern und Ernährungsratgebern, wie viel Spaß gesunde Kinderernährung machen kann. Die Autorin lebt in München und ist Mutter von zwei Söhnen.

DIE FOTOGRAFINNEN: ULRIKE SCHMID UND SABINE MADER

Sabine Mader und Ulrike Schmid arbeiten seit Jahren erfolgreich in ihrem gemeinsamen Studio „Fotos mit Geschmack" vor den Toren Münchens. Für dieses Buch hat es ihnen besonders viel Spass gemacht, in der *Kinder-Küche*, am Spielplatz und mit den Familien im Schrebergarten zu fotografieren, denn „on location" spontan und kreativ zu arbeiten ist ihre besondere Stärke. Die Fotografinnen danken dem Verlag und vor allem Eva Hege für die sehr nette und inspirierende Zusammenarbeit.

IMPRESSUM

© 2016 ZS Verlag GmbH
Kaiserstraße 14 b
D-80801 München

ISBN 978-3-89883-525-1
1. Auflage 2016

Projektleitung: Eva-Maria Hege
Rezepte & Texte: Susanne Klug
Lektorat: Christiane Kührt
Grafische Gestaltung: Seidldesign, Irene Schulz
Fotografie und Foodstyling: Fotos mit Geschmack (Ulrike Schmid & Sabine Mader)
Herstellung & Producing: Jan Russok
Druck & Bindung: optimal media Gmbh, Röbel

Die ZS Verlag GmbH ist ein Unternehmen der Edel AG, Hamburg.
www.zsverlag.de | www.facebook.com/zsverlag

Auf den Geschmack gekommen?

Aus dem Beet oder vom Baum direkt auf den Teller — mehr als 60 raffinierte Ideen voller Nostalgie ... frischer geht's nicht!

Diane Dittmer, Anke Schütz
Ernteglück
€ [D] 18,99
ISBN 978-3-89883-547-3

Über 60 schnelle und abwechslungsreiche Kreationen aus den Pfannenküchen dieser Welt.

Martin Kintrup
Big Pan Theory
€ [D] 15,99
ISBN 978-3-89883-591-6

Gleich weiterkochen!

Jetzt überall, wo es gute Bücher gibt.